幸せな相続と老い支度の教科書

プロが教えるチェックポイント57

著者｜相続コーディネーター 黒田 泰

監修｜弁護士 松本 素彦
税理士 清田 幸弘

実業之日本社

はじめに

素晴らしい人生を過ごし、家族や親しい人たちに囲まれて幸せな最期を迎えることができたら、本当に最高のエンディングだと思うことでしょう。しかしながら、遺産相続・遺言・成年後見などの老い支度においては、自分がまったく想定していなかったような問題に直面してしまうことも少なくありません。

●親族間の遺産分割の折り合いがつかず、**銀行にある数百万円が凍結**されて引き出せない。
●老人ホームに入居している親の介護を姉に任せていたら、**親の預金を勝手に使い込み**、結局は遺産分割に応じないので家庭裁判所で調停をすることになってしまった。
●8000万円近い不動産を所有し、毎年高額な固定資産税を支払っていたものの、**老後の対策をしないまま認知症**になってしまい、財産に見合った有料老人ホームにも入れずに、自宅でひとり静かに亡くなっていた。
●**遺言や死後事務に関する取り決めがなかった**ために、相続人同士でもめてしまい、葬儀もお墓もすべてにおいて意見がまとまらず、故人の供養もお粗末になってしまった。

こうした話は、実はそんなに珍しい話ではありません。意外にも、多くの方の身近で起こっている現実があります。それは核家族化が進んだこと、地域コミュニティが薄れてきたこと、高齢化が進んだこと、年金や介護保険など公的扶助制度の変革期に差しかかっていること、理由はさまざまであると思います。しかし、間違いなく言えることは、「**自分の老後は、自分で考えなくてはいけない時代に入った**」ということなのです。

本書では、「相続とは何か?」など、基本的な知識をわかりやすくお伝えするとともに、相続財産を法的に記す遺言書や、残された大切な方に想いやメッセージを残すエンディングノート、電子遺言についても触れていきます。また、私が士業事務所のコンサルティングを行っていたときの経験をもとに、多くの方がこれから直面する相続と老い支度について、全体像を理解してもらえるようになるべくわかりやすい言葉を用いて説明させていただきました。巻末には、相続に関わる問題や手続きで数多くの実績がある士業事務所を紹介しています。詳細な法律判断につきましては、こうした士業事務所にご相談ください。

遺産相続・遺言・成年後見や老い支度。これは100人いれば、100とおりの対策や手続きがあることでしょう。本書を通じて、多くの方が将来に対して明確な準備を行い、安心して納得がいく人生を謳歌していただけることを願ってやみません。是非とも、皆様のいきいきわくわくの素晴らしい人生の一助としていただけたら幸いでございます。

なお、本書の法律、データや情報は、2012年2月現在のものであることをご了承ください。

一般社団法人いきいきライフ協会　代表理事　黒田　泰

第3章 遺言書・エンディングノート、そして電子遺言へ
――残しておきたい遺族への想い

第4章　遺族に負担をかけないために——相続税への対策

第5章　突然、その日はやってくる——死後の手続き

第6章　誰がどれだけ相続できるのか？——法定相続

第7章　相続する財産と分け方——相続財産と遺産分割

第8章　遺産分割協議書を作る——遺産分割で気をつけたいこと

第9章　遺産相続で必要な手続き——法的な手続き

第1章　相続とは何か？

――知っておきたい相続の基礎知識

相続の機会は、いつかあなたにも訪れます。しかし、いざ相続することになったとき、どうしたらいいのかわからないということでは困ってしまいます。そうならないためにも、知っておきたい相続の初歩を学びましょう。

1 相続とは?

人が亡くなったとき、その人の所有する物や権利は誰かが引き継ぐことになります。このことを**相続**と言います。

相続財産を残す人とそれを相続する人、この両者がいて初めて相続は成立します。簡潔にまとめますと、死亡した人のすべての権利や義務、財産のほか、法的に認められた地位などを特定の人が受け継ぐことを相続と言います。相続財産を残す人を**被相続人**、それを引き継ぐ人を**相続人**と言います。

相続の際には、プラスとなる権利や財産だけでなく、借金などマイナスとなる債務も財産相続に含まれます。ですので、相続する際には基本的にこれらすべてを包括的に相続することになります。一般的に相続の対象として思い浮かぶものと言えば、持ち家、土地、株式、美術品、現金といったところですが、賃料や借入金の未払い債務などマイナスのものも相続の対象となります。

相続人と相続財産の範囲は法にもとづいて決まるので、意外なものが相続の対象となったり、逆にあてにしていたものが相続されなかったりするケースも少なくありません。言い換えれば、すべての人は身内の方が亡くなった際に、誰が相続人となるのか、何が相続財産としてあるのかを法律にもとづいて確認していく必要があるのです。本書では、この相続の基本についてわかりやすく説明していきたいと思います。

被相続人と相続人とは？

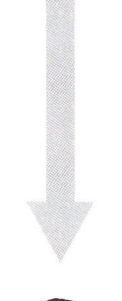

被相続人

財産を残す人

相続されるもの

被相続人の権利と義務
被相続人の財産
被相続人の地位

相続人

財産を受け継ぐ人

2 誰が財産を相続できるの？

相続人の範囲は法律によって定められています。**相続人になれる人を法定相続人**と言い、故人の配偶者と子のほか、直系尊属や兄弟姉妹も相続人となる場合があります。**相続が開始されれば相続人となるはずの者を推定相続人**と言います。

法定相続人は、左の図に含まれる人たちがなることができます。

配偶者はあくまで法律上の婚姻関係にある配偶者に限られ、内縁関係の夫や妻はその対象となりません。

一方で、子については実子か養子かを問いません。また、法律上の婚姻をしていない男女間に生まれた**非嫡出子**も相続することが可能です。ただし、非嫡出子は嫡出子と比べると相続できる財産の割合が異なります。

被相続人に子がいない場合には、**直系尊属**がこれを相続します。直系尊属とは被相続人の父母、または、それよりも遡《さかのぼ》って祖父母、曾祖父母などを指します。祖父母、曾祖父母のいずれも健在の場合は、被相続人に近い世代が相続人となります。

法定相続人には兄弟姉妹も含まれます。しかし、その優先順位は配偶者と子、直系尊属に次ぐものとなります。被相続人に直系尊属がなく、子も相続権を失っている場合には兄弟が相続人の対象になります。

相続人の範囲例

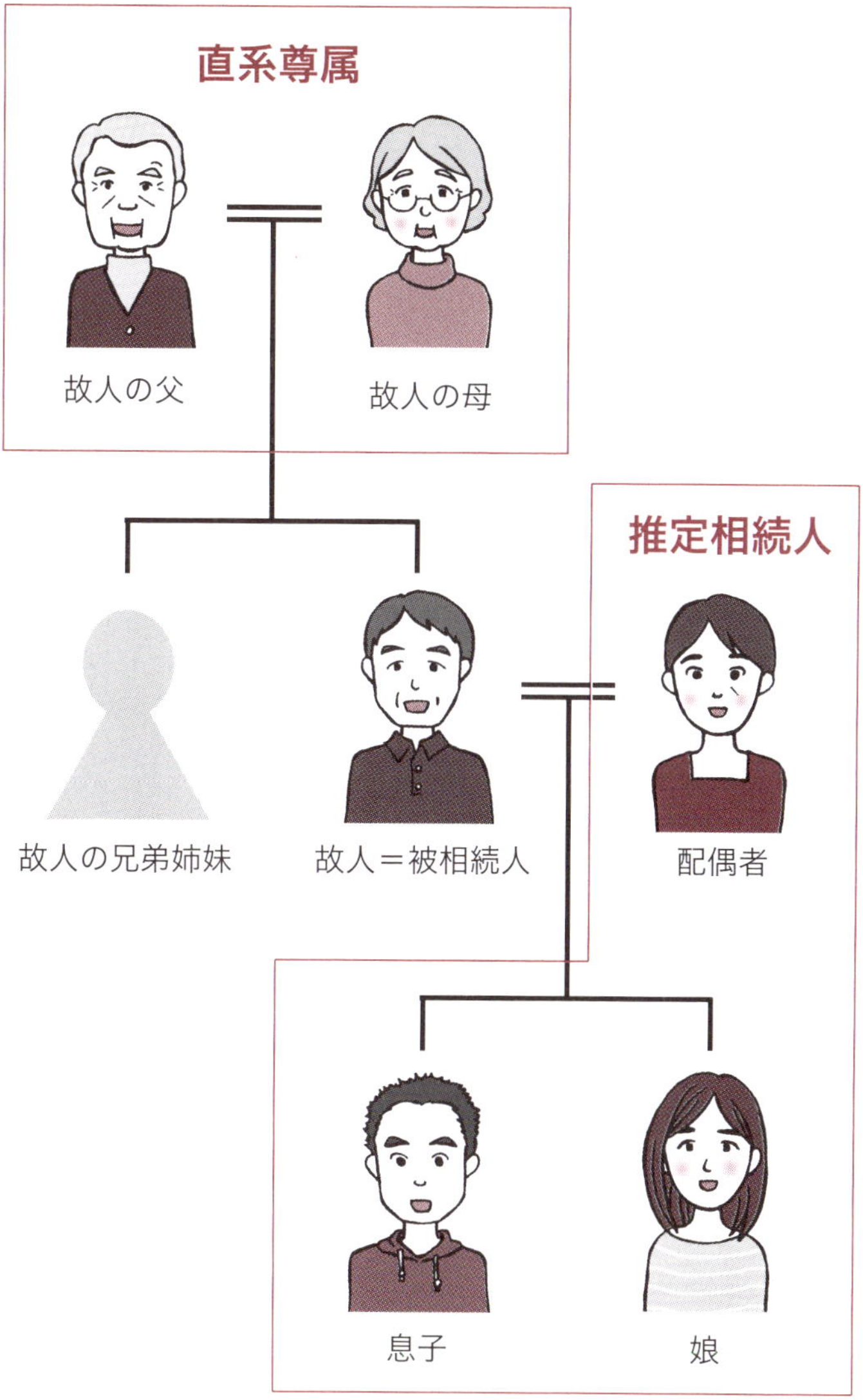

3 相続人になれない、相続人になりたくない場合とは?

推定相続人になれば、誰でも財産を相続できるわけではありません。

被相続人や優先順位の高い被相続人を遺産目的に殺害した場合や、遺言書を偽造した場合には相続権をはく奪されます。これを**相続欠格**と言います。

相続欠格となった推定相続人は、本来であれば相続される予定であった不動産登記や預金などの相続手続きをしても、ほかの相続人が無効を主張できます。なお、相続欠格については手続きの必要がありません。

一方で、相続人になりたくないという場合もあります。

例えば、プラスの財産以上にマイナスの財産、債務が多い場合などです。このような理由があったときは家庭裁判所へその旨を申述《しんじゅつ》（申し述べる）することで**相続放棄**ができます。

ここでは、マイナスの遺産のほうが多い場合と簡単に書いていますが、実際にどのような遺産がどこにどれだけあるのか、そのすべてを正確に把握することは簡単ではありません。また、遺産が自分の将来にプラスとなるかマイナスとなるのかの判断も同じでしょう。遺産の整理と相続するか否かの決断は慎重に行う必要があります。

相続人になれない人って？

こんな人は
相続欠格
となって相続人の権利が
なくなってしまいますよ

相続欠格の例

・遺産目当てに、被相続人を殺害したり、殺害しようとした人
・遺産目当てに、相続順位が上位の人や、
　同順位の相続人を殺害したり、殺害しようとした人
・被相続人が殺害されたことを知っているのに、告訴・告発しなかった人
・被相続人が遺言をしたり、
　遺言書の変更や取り消しをしたりするのを妨害した人
・被相続人をだましたり脅したりして、遺言書の内容に関与した人
・遺言書を偽造・変造した人
・遺言書を破棄したり、隠したりした人

こんな場合には
被相続人は、遺言に記すか
家庭裁判所に申請することで
相続人から相続の権利を
はく奪
できます

相続人を廃除できる例

・被相続人を虐待していた人
・被相続人に重大な侮辱を与えた人
・著しい非行があった人

4　どんなものが相続の対象になるの？

被相続人が残した遺産で、相続の対象となるもののことを**相続財産**と言います。

では、まずは何が相続財産となり、何がならないのかを見ていきましょう。

相続財産にはプラスの財産とマイナスの財産があることはすでに述べたとおりですが、**プラスの財産**のことを**積極財産（資産）**と言います。具体的には現金や預金、不動産、価値の高い動産、債権などがこれにあたります。

一方で、**マイナスの財産**のことは**消極財産（債務）**と言います。借金や損害賠償義務、保証債務などがこれにあたります。

また、相続の対象とならないものもあります。

お墓や**仏壇**、**仏具**、**受取人指定のある生命保険金**などです。これらは、誰かに転売できるようなものでないため財産としては認められません。これらの引継ぎは、普通、被相続人によって指定されます。

積極財産 ↗

現金
預貯金
不動産・国債
株券・手形
貸付金
抵当権
借地権
自動車
貴金属
著作権　など

消極財産 ↘

借入金
家賃
賃借料
保証債務　など

相続財産ではないもの

お墓
仏壇　など

5 相続財産はどのように分割されるの?

相続財産を相続する人が1人しかいないとき、この場合は**単独相続**となり、その相続人が相続財産をその後どうするかを決めることになります。実際には、相続人が複数いる場合が大半で、こうした場合を**共同相続**と言います。

相続人がどれだけの相続財産を相続するかの割合のことを**相続分**と言います。相続分は被相続人が遺言によって決めることができます。このように被相続人が決めた相続分を**指定相続分**と言います。相続を指定する方法は、被相続人が遺言の中で指定する方法のほか、第三者に指定を委託する方法もあります。

共同相続の場合、その分割の仕方について相続人同士で話し合って決める**協議分割**が一般的ですが、亡くなられた被相続人との関係性や相続人同士の公平性を考えて法律で定められた割合(**法定相続分**)にもとづいて遺産分割を行う場合も少なくありません。こうした遺産分割における話し合いのことを**遺産分割協議**と言います。この協議によって具体的に何を誰がどれだけ相続するかを決め、ここで相続人全員の合意によって作成された**遺産分割協議書**は、相続の手続きの際にとても重要になります。

相続のトラブルは、この協議分割の過程で起きることが多いです。そのため、被相続人が遺言によって相続財産の帰属を定めておくことが望ましいのですが、遺言による相続財産の分配には行き過ぎがあり得るため、相続人には最低限これだけは相続できるという権利があります。これを**遺留分**と言います。

法定相続の割合例

1　配偶者と子の相続の割合

子供が複数の場合は、子の相続分２分の１を人数で均等に割る。
ただし、非嫡出子は嫡出子の２分の１となる。

2　配偶者と直系尊属の相続の割合

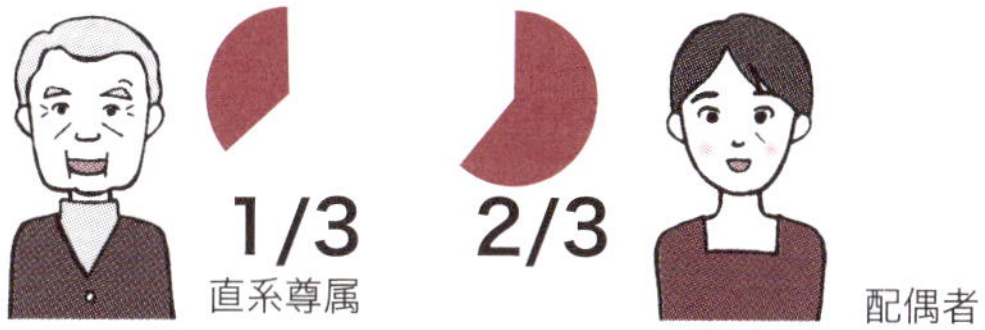

直系尊属が複数の場合は、直系尊属の相続分３分の１を人数で均等に割る。

3　配偶者と（被相続人の）兄弟姉妹の相続の割合

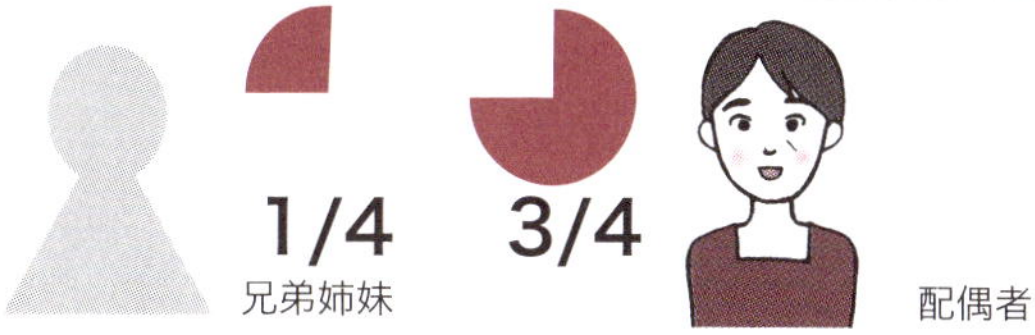

兄弟姉妹が複数の場合は、兄弟姉妹の相続分４分の１を人数で均等に割る。
ただし、被相続人と父母の一方が異なる兄弟姉妹は、父母が同じ兄弟の２分の１となる。

6 遺産分割はどうやって行えばいい？

指定相続分、あるいは法定相続分によって配分が決定していれば、スムーズに遺産分割が行えますが、現実的には相続人全員が集まって行う、協議分割が一般的となります。近年、相続で意見が対立してしまうことも非常に多くなっていますので、しっかりと財産調査を行って遺産目録を作成し、相続人全員で協議することが非常に重要となってきています。

遺産分割協議では法定相続分で割り当てたのとは別の形、つまり現実に即した形で各自に財産を分配できるのがポイントです。

被相続人の遺言や、相続人同士の協議や調停、家庭裁判所の審判などによって**一定期間の分割を禁止されていなければ、相続人はいつでも遺産分割を求めることができます**。

分割の方法は大きく分けて3つあります。遺産を現物のまま分配する**現物分割**、遺産の一部ないし全部を金銭に換えてそこから生まれた代金を分配する**換価《かんか》分割**、また少し変わった形式で、特定の相続人に遺産の現物を与え、与えられた相続人が、自己の財産を他の相続人に与える**代償分割**があります。

このように分割の方法もさまざまですが、分割の手続きにもいくつかあります。遺言による

指定分割。もっとも一般的である相続人全員が集まって遺産分割を話し合う**協議分割**。このほか、全体の1%しかありませんが、相続人間の協議が不調に終わった場合には、家庭裁判所に申し立てることで、**調停分割**、もしくは**審判分割**が行われることになります。

調停分割は調停委員や家事審判官（裁判官）が相続人の話を仲介し、すべての相続人が納得できる分割案をまとめるためのサポートをしてくれるというものです。

遺産分割は、単独相続や遺言にて指定がある場合は、まったく問題ありませんが、それ以外の場合にはしっかりと相続開始時における預貯金などの金額を確認し、不動産の評価額を確認して、遺産目録を作成する必要があります。このうえで、協議分割をしっかりと行わなくては大半がもめてしまったり、親族間が疎遠になってしまったりと、遺産分割が親族関係も引き裂いてしまう結果になりかねません。

司法書士、行政書士などの専門家に相談して、正しい手順で手続きを進められることをおすすめします。

遺産分割の方法

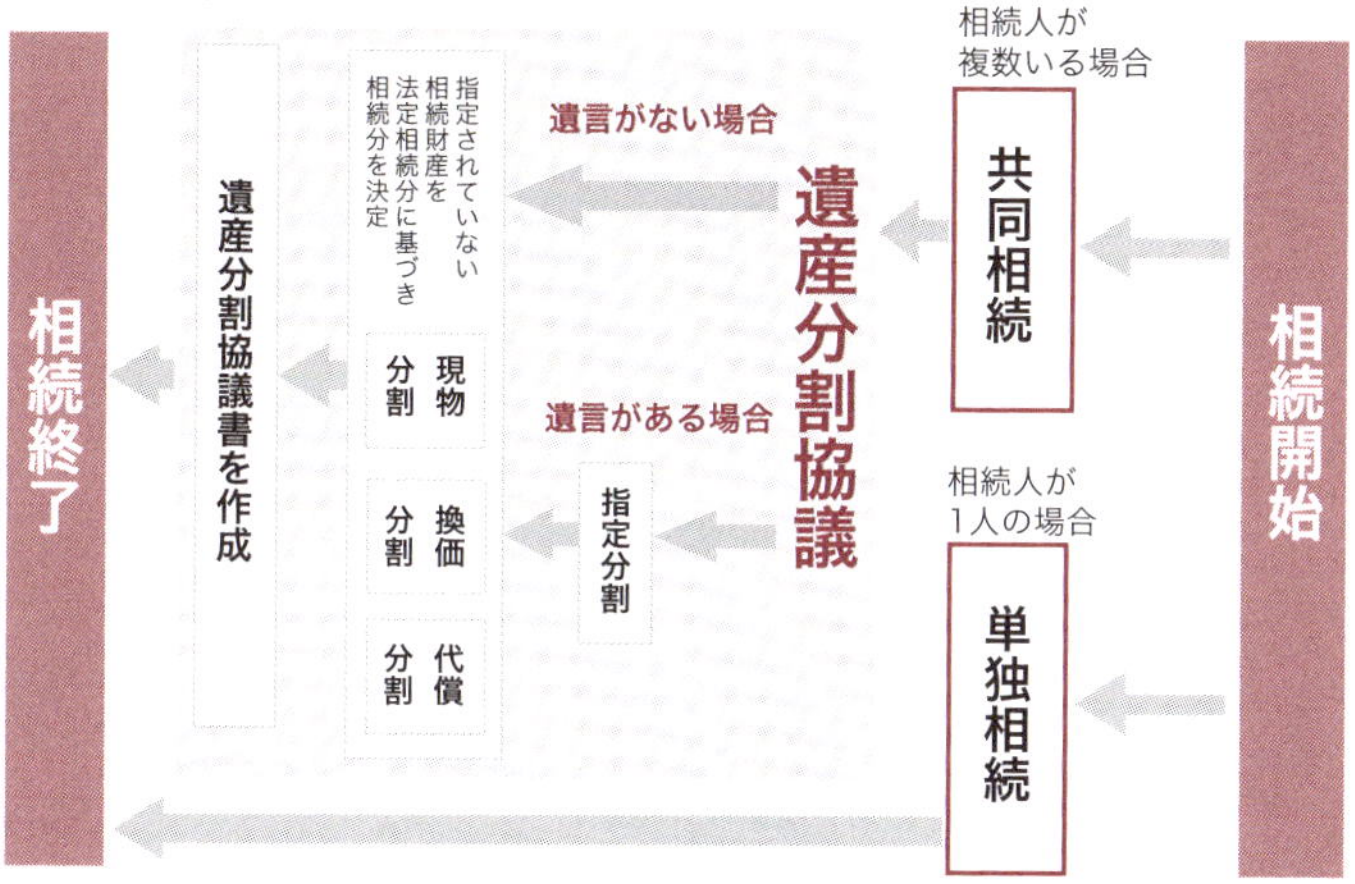

7 相続にはどんな手続きが必要なの？

相続の開始から終了までに必要となる手続きを順に見ていきましょう。

相続をするには、さまざまな手続きが必要になります。ここでは、**相続の開始から終了までに必要となる手続きを順に見ていきましょう。**

まず、やらなければならないのは、死亡届の提出と葬儀です。届出は7日以内に行わなければなりません。また、葬儀の費用は相続財産の中から出すことができますので、領収書などは必ず控えておくようにしましょう。

次に行うのは、遺言書の有無と相続人が誰であるのかの確認です。そして、それから相続財産がどこにどれだけあるのかを確認することになります。債務が多い場合などには、相続放棄の手続きを行うことになるかと思いますが、その場合は（相続開始を知ってから）3か月以内に手続きする必要があります。また、必要ならば4か月以内に**準確定申告**（故人の確定申告）を行わなければなりません。

次に相続人同士で遺産分割協議を行い、相続人全員の合意のもと遺産分割協議書を作成します。これによって相続人の相続分が確定したら、必要に応じて相続税を申告します。相続税の申告は原則として10か月以内に行わなければなりませんが、遺産分割協議が思うように進展しなかった場合などには、その限りではありません。
そして、最後に相続財産の名義変更の手続きも忘れずに行いましょう。

相続に必要な主な手続き

7日以内	死亡届の提出、葬儀 死亡診断書と共に、7日以内に市区町村役所に提出。
3か月以内	遺言書の有無を確認 公正証書遺言以外は、家庭裁判所の検認を受けない限り開くことができないので、残されている遺言書が公正証書遺言でなければ裁判所に家事審判申立書を提出。 相続人の確認 被相続人と相続人の戸籍謄本を調べる。 相続人はすべての法定相続人の現在の戸籍を集めて確認。 相続財産の概算把握 どのような財産があるか調べる。 債務の有無にも注意。 相続放棄・限定承認 相続放棄ならば家庭裁判所に申述する。
4か月以内	準確定申告 被相続人の所得税を税務署に申告。 相続財産の評価・測量 評価が難しい財産は鑑定を依頼する。
10か月以内	遺産分割協議書作成 相続人同士で遺産分割について話し合い。 遺産分割協議書を作成する際には、 相続人全員の実印と印鑑証明書が必要になる。 相続税申告書作成・申告・納付 相続人の死亡時の所轄税務署に、納税とともに申告書を提出。 延納、物納のときは別途申請が必要。
1年以内	相続財産の名義変更 不動産相続登記の申請、預貯金の名義変更など。 遺留分減殺請求手続き

相続の基礎知識Q&A

Q 被相続人が事故で亡くなったのですが、損害賠償で得られるお金は相続の対象になるのでしょうか?

A なります。正確には、加害者へ損害賠償を請求する権利を相続した人が受け継ぐことになります。損害賠償の請求権のほかにも、特許権や著作権(著作者人格権を除く)など相続人の権利で死亡後も有効なものは相続の対象となります。特許権を相続した場合には、名義変更手続を忘れずに行いましょう(意匠権・実用新案権の場合も同様)。

一方で、生命保険金や死亡退職金は、被相続人を除く特定の第三者が受取人に指定されているような場合には、指定された人の固有財産とみなされ、厳密には相続財産にはならないとされています。

Q お腹の中に子供がいるのですが、この子は相続できるのでしょうか?

A 被相続人が死亡したタイミングで胎児だった被相続人の子も、死産にならず無事に生まれれば相続できます。

Q 認知はしているのですが一度も会ったことのない子供がいます。この子供には相続をさせたくないのですが、遺言で指定すれば、そうすることができますか？

A　被相続人が生前に、家庭裁判所へ相続人の相続権のはく奪を請求できる相続廃除《はいじょ》という制度はあります。ただ、質問のような場合ではできません。

相続廃除には一定の事由が必要で、民法892条「被相続人に対して虐待をし、若《も》しくはこれに重大な屈辱を加えたとき、又は推定相続人にその他の著しい非行があったときは、被相続人は、その推定相続人の廃除を家庭裁判所に請求することができる」によって定められています。しかし、実際には家庭裁判所で、廃除が認められるケースは稀《まれ》です。

相続廃除には家庭裁判所への請求のほか、遺言による廃除も可能です。遺言による廃除の場合は、遺言の内容を確実に実現する遺言執行者を立て、遺言執行者が請求します。

ただし、廃除が認められた場合も、廃除された推定相続人の子への相続は可能となります。相続欠落の場合も、相続権をはく奪された推定相続人の子は相続の対象となります。

なお、逆に廃除を取り消すことも、廃除と同様に生前に家庭裁判所への申し立てか遺言により可能となります。

Q　被相続人に借金があることを知らずに、相続手続きをしてしまいました。このような場合は改めて相続放棄できますか？

A　理由なく撤回することはできませんが、詐欺や脅迫など特別な理由で相続承認、もしくは相続放棄をしている場合は取り消すことができます。この場合、借金を知ることとなった経緯や、相続人にその借金を支払う能力があるのかなど、詳しい事情が考慮されることとなりますので、専門の知識を持つ弁護士などに相談するべきでしょう。

　すでに財産の一部を処分してしまった場合は原則として認められません。例外として、腐敗しやすいものの売却や相続財産の保存を目的とした処分行為は認められていますが、その判断は慎重を要するでしょう。

Q 借金を相続人で分配しようと思っていましたが、債権者から債務者を誰か1人にまとめてほしいと言われてしまいました。この場合、そのとおりにしなければならないのでしょうか？

A 債務の分配を相続人の間で執り行ったとしても、債権者に対してはそれを主張できません。法定相続分に応じて債務を相続することになっているため、「私は債務の5分の1を負担することになっていま す」といった相続人のルールを債権者には訴えられないのです。

　ご質問のケースですが、債権者が債務者を特定の相続人1人とすることに承諾した場合には、そのとおりの遺産分割協議を成立させ、他の債務者が債務負担を免れることも可能です。

　ただし、債権者が債務者を1人にするよう指示したからと言って、相続人がこれに従わなければならないわけではありません。

第2章　今から始める老い支度
——成年後見制度を知っていますか？

人は老いにともなってさまざまな心配が出てきますが、その心配に上手に備えることができれば、想定される不安やトラブルは回避することができます。自分のため、家族のために、しっかりとした老い支度に取りかかりましょう。

8 自分と家族の安心のために備える

人は老いにともなって、さまざまな不安を抱えていくことになります。老いとともに誰もが心配になるのは、まずは健康の問題だと思います。病気や身体の衰えで不自由が生まれたとき、人は誰かの世話にならなければ生きていけません。この老いとともに生まれる健康の問題に対してどのような準備をすることが必要なのかを見ていきましょう。

たとえ今は健康だとしても、いつかは誰かに世話してもらわなければならないかもしれない。そんな不安はぬぐい去れません。

家族で同居している場合には、何かあっても家族がその手助けをできます。ただ、介護するということは負担でもあります。夫婦2人暮らしの場合、子供の家族と同居している場合など、状況によってその方法は変わってきますが、誰かが介護に掛かりきりになるようであれば、それは介護する側、される側の双方にとって望ましい状況とは言えないでしょう。

老いと健康の問題に対処するためには、**介護ヘルパー**や**施設でのケア**といった家族以外の人間の手助けを、状況に応じて具体的に考えていく必要があります。ヘルパーや施設などの介護サービスを受ける際には、**介護保険制度**を利用することができます。

病気になったら…
寝たきりになったら…
認知症になったら…
いろいろと
不安だなぁ

介護が必要になったら

介護保険制度を利用して
老いと健康の問題に
上手に対処していく

認知症対策として

成年後見制度を利用すれば
信頼できる人に身のまわりのことを
自分の代わりに決めてもらったり
財産の管理を任せることができる

認知症になってしまった場合には、体の健康面のみならず、生活安全の面や金銭や財産の管理にも不安が出てきます。火元の不始末などをはじめ、財布や通帳を紛失してしまうこともあります。そうなれば、年金の受け取りや生活費の支払いにも支障をきたしてしまいます。また、認知症の老人を狙った詐欺事件の話を耳にすることは珍しくありませんが、それが自分、家族にも起こらないともかぎりません。

そのためにも、信用できる誰かが代わりに管理をする必要が出てきます。このような場合には**成年後見制度**を利用して、家族や親族、または弁護士など専門家に**身上監護と財産の管理を任せる**ことができます。

9　介護保険と介護認定

介護保険制度は、国と自治体が介護費用を負担するシステムです。ただ、介護保険は医療保険のようにすぐに誰でも受けられるわけではありません。介護保険を受けるための申請をして、認定調査が行われ、介護の必要があるという条件が満たされていると認められた上で初めて受けることができます。

条件は次のように定められています。**65歳以上で介護が必要だと認められた人。もしくは、40歳から64歳までで介護が必要だと認められ、さらに老化にともない発病する特定疾病が認められた人**ならば介護保険を受けることができます。

申請は各市町村、または居宅介護支援事業所で書類を請求し、必要書類を揃えて提出することで行えます。申請を受け付けられると、各自治体の職員、もしくはケアマネジャー（介護支援専門員）が被介護者を訪問し、聞き取り調査を行います。この調査に基づき認定作業が行われ、介護が必要だと判断されれば、要介護度レベルに応じた介護ケアプランが立てられ、それに準じたサービスが受けられるようになります。この**介護認定**の一連の作業には、およそ1か月の期間がかかります。

介護保険制度を使う

介護保険制度を利用できる条件を満たしているか確認

条件を満たしていたら

各自治体窓口か居宅介護支援事業所で必要書類を請求し申請

介護認定作業

現在の病気の有無
持病の有無
認知症の症状の確認
日常生活における体の自由不自由の確認　など

担当者による調査

介護が必要かの認定
どの程度必要かの要介護レベルを認定

介護認定

要介護レベルに応じて
介護ケアサービスを受けられるようになる

聞き取り調査では主に、現在かかっている病気や持病などの健康面について、認知症の症状の有無または進行具合、日常生活における身体の自由不自由、以上の3点に関して質問されます。これらの項目において自分でできるのか、介護が必要なのか、必要だとすればどの程度の介護が必要なのかが判断されます。また、これ以外にも介護が必要となるような事例があれば、それに応じて介護認定が行われることとなります。

10 介護サービスを正しく使うために

介護が必要だと認定されれば、それに基づき介護プランを作ることになります。介護プランの内容はさまざまですが、デイサービスや訪問介護などの介護サービスの他に、自宅の手すり設置などのリフォームやベッドなどの介護具のレンタルなども対象になります。

介護プランは基本的にケアマネジャーが設計しますが、ケアマネジャーも人間ですからいろいろな人がいます。被保険者やその家族に何が必要で、そのために何ができるかを親身になって一緒に考えてくれる人を選ぶことが大切です。信頼できるケアマネジャーと出会うことができずに、せっかく認定が受けられても結局サービスを受けないことを選ぶ人もいます。それほど**誰に頼むかは重要なこと**です。

被保険者の健康状態が悪くなったり、現状の認定では不十分だと感じたりする場合には、ケアマネジャーと相談の上で再度申請を行い、認定を受けることもできます。また介護保険制度が改訂された場合、利用できる介護サービスが変わることがあります。必要に応じて、しっかり対応してくれるケアマネジャーの存在は、そういった意味でも大切なのです。ただ、ケアマネジャーも万能ではありません。定められた基準の中で、プランニングしているので提供できるサービスにも限界があります。**利用する側も、事情を理解して一緒にプランを考えることが大切になります。**

介護が必要になったら

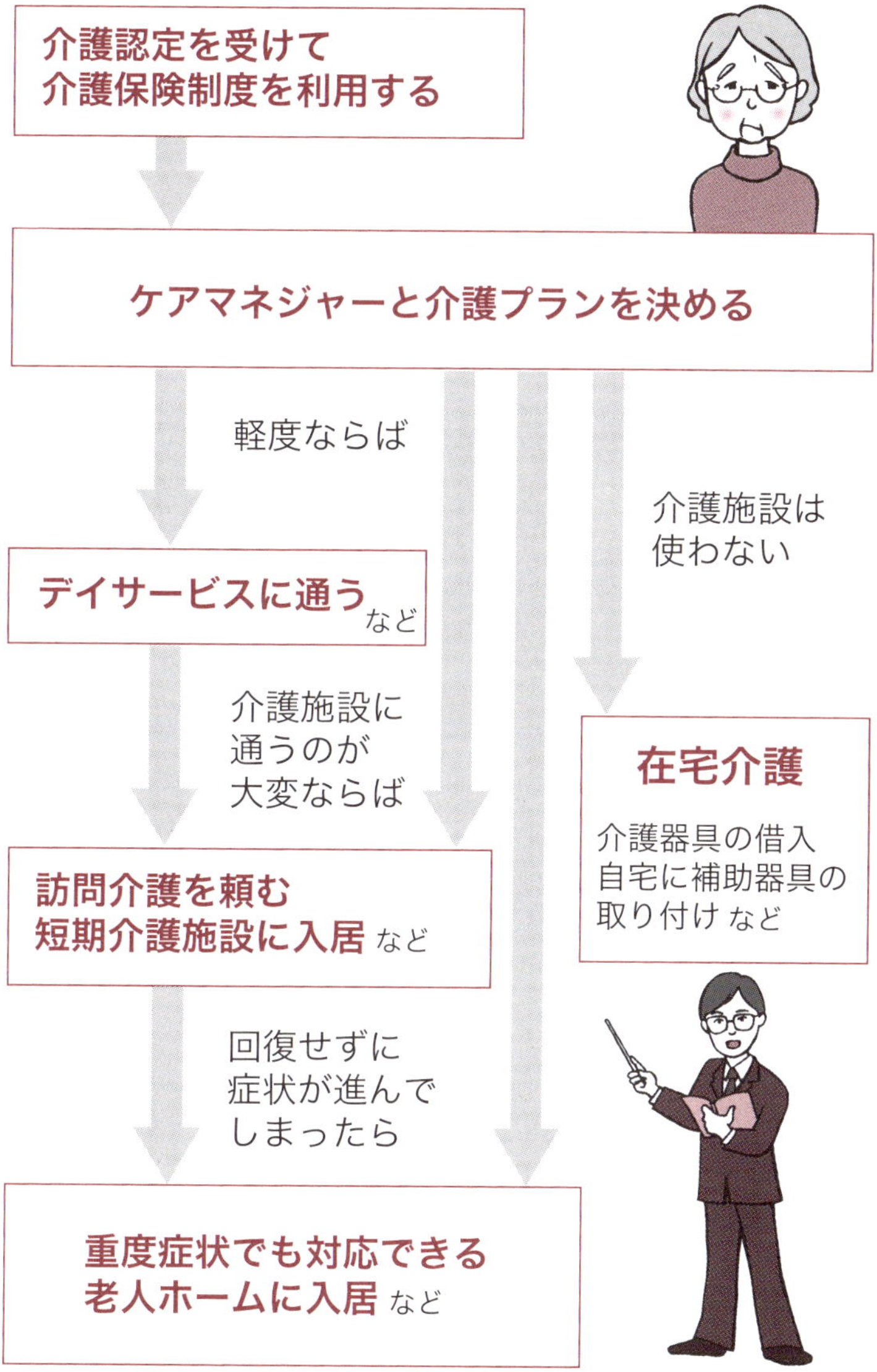
介護認定を受けて
介護保険制度を利用する
ケアマネジャーと介護プランを決める
軽度ならば
デイサービスに通う など
介護施設に
通うのが
大変ならば
訪問介護を頼む
短期介護施設に入居 など
回復せずに
症状が進んで
しまったら
重度症状でも対応できる
老人ホームに入居 など
介護施設は
使わない
在宅介護
介護器具の借入
自宅に補助器具の
取り付け など

11　介護施設の種類

介護のための施設には、ケアハウスなどの軽度介護用から重度介護専用の老人ホームや、リハビリ施設など、さまざまな種類があります。ここでは、介護の度合いに応じて、使える施設を見ていきましょう。

まずは、自宅から施設に通う**デイサービス**です。入浴の補助や食事の提供、リハビリ訓練などができます。送迎バスなどで送り迎えを行っている施設も多く、料金も安価なので利用者は多いです。また、同居している家族の方が、一定期間家を空ける際は**ショートステイ型の老人ホーム**なども便利です。

自宅から通うのが難しくなった場合には、ヘルパーの方に来てもらう訪問介護というサービスもありますし、食事・入浴・着替え・排泄など身のまわりのことを1人で行うのが困難になってくると、介護施設や介護付きの住居への入居を考えることになります。もし、自立して生活できるならば**ケアハウス**という軽度の老人ホームに入居できます。介護ヘルパーが待機している**高齢者向け住宅**というのもあります。また、病院の入退院の前後にリハビリや認知症ケアを行うための**老人保険施設**もあります。

介護の度合いが重度になった場合は、ケアハウスなどでは対応できないために、受け入れ態勢が整った老人ホームにしか入居できません。特に国からの補助金が出ていて、安価で手厚い介護が受けられる**特別養護老人ホーム**は人気ですが、**入居申請をしてから何年も待たなければ入れないというのが現実**です。民間が運営する老人ホームなら比較的簡単に入居できるかもしれませんが、国からの補助金なども受けられないので費用がかなりかかってしまいます。

これらの施設を利用する際には、まずケアマネジャーと相談して決めることになると思います。健康状態とそれぞれの施設に応じて、費用の問題や保証人、身元引受人などを考慮に入れながら、上手に施設を利用してください。

介護施設の種類

■**介護老人福祉施設（特別養護老人ホーム）**
常時介護が必要で在宅生活が困難な人を対象

■**介護老人保健施設**
病院などでの治療が終わり病状が安定している人を対象

■**介護療養型老人保健施設**
常に医療管理が必要だが病状が安定期にある人を対象

■**介護療養型医療施設**
病院や診療所などの医療施設

■**有料老人ホーム**
特別養護老人ホームと同様のサービスを受けられるが全額自己負担のため費用がかかる

■**軽度老人ホーム（ケアハウスなど）**
食事付や自炊など選べ、住宅型で軽度のケアならば受けられる

■**グループホーム**
認知症向けの老人ホームで共同生活が基本

■**高齢者住宅**
介護ヘルパーが待機している高齢者向けのマンションなど

■**介護関連福祉施設**
デイサービスセンターや高齢者生活福祉センター、地域包括支援センターなど、自宅から通える施設

12 成年後見制度とは？

認知症になってしまった場合、日々の生活を送る上でさまざまな問題が危惧されます。例えば、介護一つをとっても認知症の人はどのような介護が自分に必要であるかの判断が難しくなります。また、金銭や財産の管理も問題が出てきます。家族と同居されている方ならば、家族がそのサポートをしてあげればいいと思うかもしれませんが、**それも正式な手続きを行わずにすれば、後々トラブルの原因にもなりかねません。**

成年後見制度は、認知症などによって日々の生活や財産管理における判断能力が不十分とされる人を**後見人がサポートする制度**です。後見人は、介護であれば、認知症である本人の代わりに介護プランを考えたり、プランどおりの介護が行われているかを監督したりします。金銭財産の管理においては、本人に代わって適切な財産管理を行います。

後見人は本人の配偶者や家族、親族のほか、弁護士や司法書士、福祉の専門家などがなるのが一般的です。家庭裁判所によってふさわしいとされた人が選任されます。そして、**家裁は必要に応じて、後見人を監督する監督人を選出し、後見人は定期的に報告をします。**

そのくらいのことは、なにも専門家の面倒になる必要はないと思う方もいるかもしれませんが、たとえ家族や親族であっても生活面で多忙であったり、金銭的に不安定だったりする人が後見人になると、思わぬトラブルに発展する場合があります。それならば、第三者である専門家に任せたほうが心配ありません。また、日々の生活面のサポートは家族の誰かが後見人となって行い、財政面の後見人だけ専門家に委ねるという方法もあります。

申請は本人か配偶者、四親等以内の親族などのほか、市区町村長が行うことができます。

軽度なものならばまだしも、重度の認知症である本人が申し立てを行うなんてできるわけがないと思う人もいるかと思いますが、認知症になる前に、自分が認知症になった場合には誰に後見人を任せたいということを決めておき、事前に申し立てを行っておくことができます。この制度を**任意後見制度**と言います。反対に、本人がすでに認知症になってしまい、本人以外の誰かが申し立てを行い、後見人を決める場合を**法定後見制度**と言います。

成年後見制度

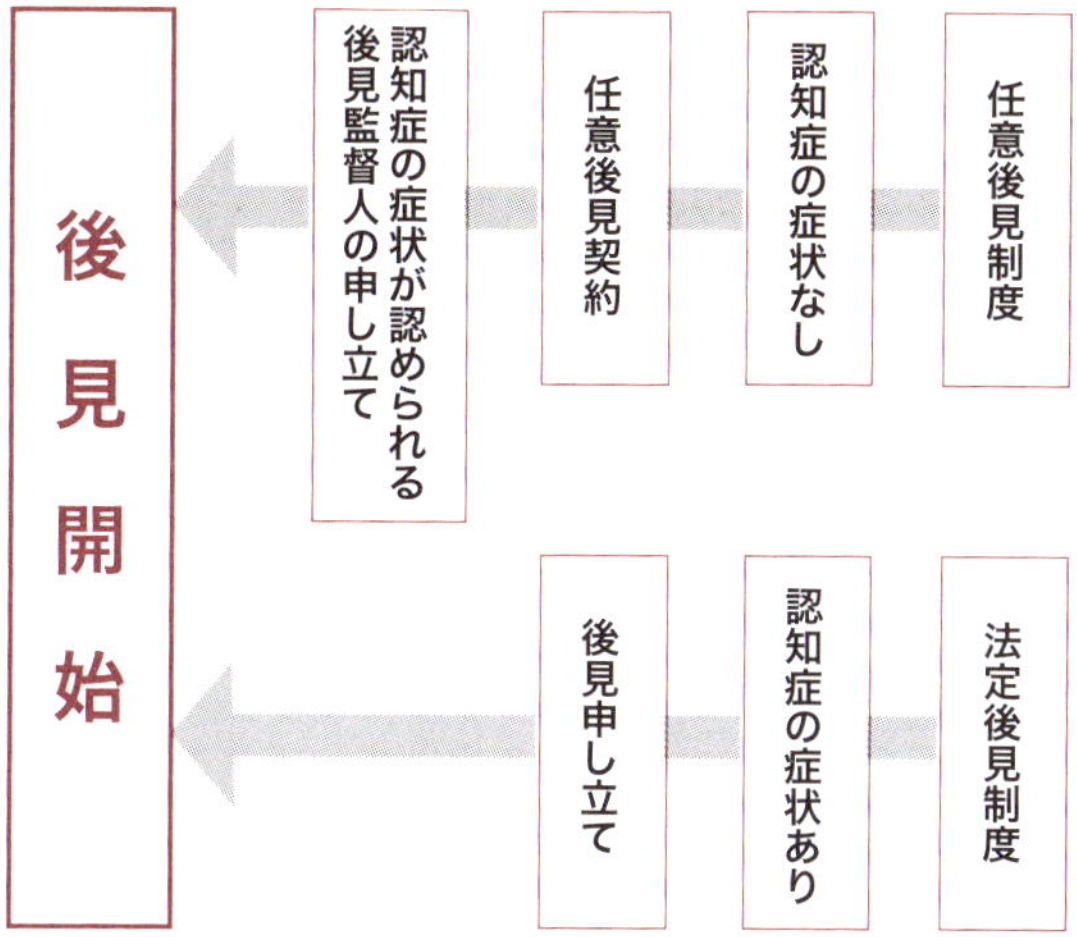

13 任意後見制度の正しい使い方

それでは、認知症になってしまった場合の具体的な懸念に対して、どのように対処すればいいのか見ていきましょう。

最善なのは、やはり任意後見制度を使い、認知症になる前にあらかじめ後見人を決めておくことです。認知症になってからでは、自分の希望に添った形で後見人が選ばれるとは限りません。また、後見人としても事前に認知症になった後の対応についていろいろと相談できていれば、実際に後見が始まったときにも対応しやすいでしょう。

後見人を選ぶポイントは大きく次の3つがあります。

1　本人よりも若く健康であること。

2　本人のことを気にかける余裕が時間的にも精神的にもあること。

3　経済面での不安がないこと。

以上のような点が満たされており、成年後見制度についての知識を持った信頼できる身内がいるのであれば、特別な理由がない限り任意後見人を専門家に任せる必要はないでしょう。

任意後見人を決めたら、**自分の老後生活の希望をしっかりと伝えましょう。**後見人は介護施設の利用や終末期の医療、財産の管理方法など非常時の事柄に関する代理権を付与されることになりますので、ひとつ間違えると親族から訴訟を起こされかねません。しっかりと、公正証書にて契約内容をまとめておく必要があります。また、任意後見人は多大なリスクを背負って任意後見契約を受けることになりますので、十二分に打ち合わせを行って代理権目録を作成する必要があります。

任意後見制度の手続き

契約の準備をする
任意後見人を選び、代理権を決める
戸籍謄本などの書類を用意

↓

任意後見契約をする
公証役場で公正証書によって契約

↓

認知症の症状が見られたら
本人、親族、任意後見人、市町村長などの判断で申立準備

↓

任意後見監督人の申し立てをする
家庭裁判所に申し立て
担当者によって調査

↓

任意後見人が選任
本人と任意後見人に通知

↓

後見開始

14 法定後見制度の種類

もし、すでに判断力が低下しているようであれば、法定後見制度を使うことになります。この場合、まずは認知症の症状がどの程度進んでいるのかの検診を受けましょう。症状の進行具合や今後の対応策を医師に聞いておくことは大切です。また、専門家に相談に行く際にも医師の診断書があれば説明がスムーズに行えます。

法定後見制度には、**認知症の進行の程度に応じて補助、保佐、後見の3つのタイプがあります**。補助人、保佐人、後見人では、それぞれ権限に違いがあります。

軽度の認知症である**補助型の場合**では補助人には代理権はなく、家裁が認めた同意権しか認められません。また、この同意権も本人の判断によって必要ないとされれば付与されません。もう少し認知症が進行した状態である**保佐型の場合**には、家裁が定めた法律行為に関して保佐人の同意なしで行えないようになります。また、本人が必要だと認めたことに関しては家裁から代理権が付与されます。そして、本人の判断力が著しく低下している状態の**後見型の場合**では、後見人は本人に代わり法律行為を代行できます。後見型の場合、判断力が低下しているために本人の同意も必要なくなります。

法定後見制度３つの型

補助

比較的判断力は残っているが
不安がある状態

保佐

判断力が弱っており
日常の買い物などはできるが
財産管理などに不安がある状態

後見

判断力が著しく弱っており
日常生活にも不都合がある状態

15　死後の事務手続き

認知症対策を健康なうちに行っておくほうがよいように、**自分の死後の事務手続きも健康なうちに対策を立てておくほうがよい**のは同じです。

自分が亡くなった後の事務手続きは、誰がするのでしょう。まずは、病院で書いてもらった死亡診断書をもとに死亡届を市役所などの行政機関に提出し、火葬許可証をもらって葬儀を進めることになります。この葬儀ひとつをとっても、宗派はどこなのか。供養はどこのお寺にお願いするのか。お墓はどこに入るのか。誰に葬儀通知を出してほしいのかなど、事前に伝えておくべきことは少なくありません。また、具体的に葬儀の方法に希望があるのならば、そのとおりに行ってくれるように誰かに頼まなくてはなりません。

このほか、終末期の医療費の支払いが残っていれば、それも病院に対して清算しなくてはなりませんし、残された配偶者がいるのであれば、その配偶者のための遺族年金の手続きをしなくてはいけません。これ以外にも、クレジットカードの解約や、生命保険金の受け取りなどを挙げていくと、死後の事務手続きは30件を超えることでしょう。

こうした死後の事務手続きは、後見制度の**委任契約が委任者の死亡とともに終了する**とされているため、現在のところ、後見契約に特約を盛り込むか、もしくは、別途、死後事務委任契約を公正証書にて締結しておく形が一般的になりつつあります。

右で挙げたような手続きは、**死後の事務手続きであり、相続財産に関する手続きではない**ため、遺言に記載する事項と分けて考えなくてはいけません。

この次の章で見ていくことになりますが、相続財産となる預金・貯金・有価証券や土地建物などの不動産については、相続法にて遺言書に記すように定められています。つまり、死後の事務手続きと、相続財産の名義変更における手続きとを分けて、対策を考えておく必要があるのです。

自分のため、家族のために老い仕度を考える

ここまで見てきたように、認知症になった場合の身上監護と財産の管理、成年後見制度の活用や、死後の事務委任契約などは、老い支度を行う上では欠かせない手続きです。ただ、どれを取っても簡単に他人に依頼できる業務ではありません。ひょっとすると、身内であっても、手に負えないと躊躇《ちゅうちょ》する方もおられるかもしれません。

しかしながら、今の健康がいつまでも続くとは限りません。まずは、自分自身が抱える老後の不安と向き合い、もしものときに自分を支え、自分の遺志を引き継いでくれる家族のためにも、どのような手続きをしておくべきか、家族や信頼できる人と一緒に、事前に法律や福祉の専門家に相談されるとよいでしょう。

老い支度Q＆A

Q 介護認定の手続きを行いたいのですが、介護があるので申請を行うことができません。申請を身内以外の人にお願いすることはできますか？

A 介護認定の申請代行は可能です。指定居宅介護支援事業者や地域包括支援センター、介護保険施設などで代行してもらうことができます。

Q 現在受けているケアプランにないサービスを受けたいのですが、この場合には介護保険での利用はできないのでしょうか？

A 現在のケアプランに加えてということになると、介護保険は適用されません。ほとんどの場合、ケアプランは介護保険が適用される範囲内で、ケアマネジャーが特に必要だと考えたものを厳選してプランニングしているものです。ですので、どうしてもそのサービスを受けたいならば、次のような方法が考えられます。①ケアマネジャーと相談してサービス内容を変更する。②介護認定の結果に不服を申し立てて、再度認定を申請し、さらなる介護が必要だと認められる。③介護保険適用外で100％を負担する。

Q 成年保佐人になっていますが、財産処分に関して被保佐人と意見が対立してしまいました。本人のためを思うと財産を処分したほうがよいと思うのですが……。

A 本人の意思と本人を保護する立場の補助人、保佐人の考えが対立してしまう場合は少なくありません。補助型や保佐型の場合は、本人の同意なしには勝手に財産を動かしたりすることはできません。言い換えれば、衰えているとはいっても本人の判断能力が残っている間は、本人の意思を尊重するような制度だということです。

一方で、制度としては原則として本人の意思を尊重するようになっていますが、判断能力はやはり低下していますので適切な判断であるとは言い難いこともあるかもしれません。こういった場合にどう対処するかは補助人、保佐人にとって判断に迷うところでもあります。

ですので、これが正しいという考え方を強制せずに、いろいろな選択肢を提示することで、可能性を広げてあげるのは1つの方法かもしれません。

Q 家族がいないので親戚の甥に任意後見人を頼みましたが、老人ホームに入るための保証人になることは断られました。任意後見人はこういった際の面倒も見てくれるためにいるのではないのですか?

A 任意後見人は、あくまでも本人から委任を受けた代理業務を行うのが仕事で、本人の保護者ではありません。ですので、ケアマネジャーとともに本人の介護プランを決めることは仕事であっても、介護行為自体は仕事ではありません。また、後見人は身元保証人や身元引受人になることは利益相反につながってしまうため、受け入れることはできません。

このほか医療行為の決定は、基本的に本人が意思決定しますが、身寄りのない認知症患者の場合などは非常に難しいことになります。任意後見契約においては、こうした事態も想定して終末期の医療についても事前に意思表示を残しておくことが重要になります。

Q 父はすでに他界し、少し認知症が始まった母がいるのですが、後見人が必要なのではないかと成年後見制度の利用を考えていたところ、兄がすでに任意後見人になっていました。ただ、なかなか後見を開始してくれません。この場合、新たに法定後見人を選ぶことはできるのでしょうか？

A 原則として、任意後見人がいる場合には、法定後見は開始できません。ただ、任意後見開始の申し立てをすることは、四親等以内の親族ならばできます。申し立てをすれば、そのお兄さんに後見人業務を行ってもらうことになります。

監督人が選ばれ、後見人業務がしっかり行われているかを調べますので、もし不正などが行われていた場合にはすぐにわかります。

第3章　遺言書・エンディングノート、そして電子遺言へ
――残しておきたい遺族への想い

遺言は、あなたの最期の言葉を伝えるものです。その言葉は残された家族にとってかけがえのないものです。残された家族に何を残すか、何を残したいかを、家族への想いも含めてしっかりと考えて伝えてあげましょう。

16 遺言の種類

家族への最期の言葉となる遺言は、**自分にとってはもちろん、家族にとってもとても大切なものです**。だからこそ、自分が何を伝え、そして何を残したいのかを真剣に考える必要があるのだと思います。

ただ一言に遺言と言っても、その種類はさまざまです。ここでは、遺言にはどのような種類があるのかを見ていきましょう。

遺言には大きく分けると2つの種類があります。1つは正式な遺言書として作成され、遺産配分の指定や分割に関して法的な効力を持ちます。そして、もう1つは口頭で伝えられたり、非公式な書面や電子媒体などに残されたりしたものです。こちらは法的な効力はありませんが、形式にとらわれることなく自分の素直な気持ちや想い、家族に残したい教訓や伝達事項などを伝えることができます。

どちらを残すべきかと考えているならば、どちらも残すことをおすすめします。例えば遺言として財産分割の際に必要事項だけしか残されていないと、あまりに即物的すぎて残された人たちの場の雰囲気にも影響します。分割をめぐって残された親族がギスギスした関係になってしまうこともあります。そうならないためにも、自分がなぜそのように遺産分割をしてほしいのかという理由や気持ちを別々に残しておくことが必要なのです。また、正式な遺言書を作らないと、やはり遺産分割の際にいざこざの原因になります。そうならないためにも、両方残しておくことをおすすめします。

法定遺言の種類

①自筆証書遺言

遺言者本人によりすべて自筆で書かれた遺言で、日付と署名、押印が必要です。

手軽で費用もかかりませんが、紛失や盗難、改ざんのおそれがあります。

②公正証書遺言

公証人によって作成された遺言で、証人２名以上の立会いのもと、遺言者本人が公証人に遺言趣旨を口授することで作成されます。

最終的に作成された遺言は、遺言者本人と証人に読み聞かされるという手続きが行われます。

改ざんのリスクはなくなりますが、書き直したい場合などには手続きが面倒です。

③秘密証書遺言

遺言者本人が自筆で作成し署名押印をした後、封をして証書に使用した印で封印します。

これを公証人と証人２名以上の前に提出し、自分の遺言書である旨と自分の氏名・住所を申述します。

そして、公証人は日付と申述された氏名・住所を封書に記紙します。

誰にも内容を見られることはありませんが、書式などに間違いがあった場合には無効になるので注意が必要です。

④特別方式の遺言

この方式は、死亡危急者、伝染病隔離者、在船者、船舶遭難者など特殊な場合に残された遺言です。

17 遺言の効力とは？

どのような形式の遺言であっても、法的に認められた形式の遺言であれば同等の効力を持ちます。ここでは、その効力について見ていきましょう。

遺言では大きく分けて**身分に関すること、相続に関すること、財産処分に関すること**、以上の3つについて決めることができます。遺言書は、基本的にどのようなことを書いても構いませんが、法律上の効力を持つのは以上の3点だけになります。

遺言書が法律上で効力を持つようになるには、次のような手続きが必要になります。

まず、被相続人が死亡してから、遺言書を誰かに見つけてもらわなくてはなりません。遺言書を書いていることを遺族が知っていたり、誰かに託していたりすれば問題はありませんが、そうでなければ遺言書が存在することも知らずに遺産分割が行われてしまいます。後に発見された場合には、前に行われた遺産分割は無効になりますが、二度手間になってしまいます。せっかく遺言書を残すのですから、できれば**信頼できる誰かには遺言書の存在をあらかじめ伝えておきましょう**。自筆証書遺言の場合には、遺言者が亡くなった後に、家庭裁判所による遺言書の検認手続きが必要です。遺言書の偽造・変造を防止し、その保存を確実にするためです。

法定遺言には
どんな効力があるの？

身分に関すること

相続人に関しての認知や後見人、後見監督人の指定がこれにあたります。

認知は、事情があって実子と認められていなかった人を認めることができます。

この場合、認知された子供は非嫡出子となり、相続分は嫡出子の２分の１になりますが相続権を得ることになります。

後見人と後見監督人は自分の子供がまだ未成年であり、配偶者もいない場合などに指定できます。

後見人を監督する立場になる人（後見監督人）を指定できます。

相続に関すること

相続人の指定や相続人の廃除と取消し、遺産分割の方法、分割の禁止、相続人相互の担保責任の指定、遺言執行者の指定などがこれにあたります。

相続権のある者の間で、遺産をどのように相続するかを指定できます。

また、遺言執行者は遺言に書かれたことが実行されるように手続きを行うことになります。

財産処分に関すること

これは相続人以外に遺産を遺贈したり、寄付したりするなどの行為を指定できます。

また、信託の設定もできます。

18 有効か、無効か

遺言書は正式なものであると認められない限り、その効力を発揮しません。公証人によって作成される公正証書遺言の場合にはその心配はありませんが、それ以外の形式の場合、思わぬ間違いがあるかもしれません。

自分で遺言書を作る場合の主な注意点は次のようになります。

1　遺言者が、自筆によって全文を書き、署名、日付、押印をしなければならない。

2　修正箇所がある場合、遺言者がその変更場所を指示し、変更したことを付記して署名、押印しなければならない。

3　署名は同一性が認められるならば、通称やペンネームでも構わない。

4　押印は実印でなくても構わない。

5　パソコンなどで作成しプリントアウトしたものは無効。代筆の場合も同様。

日付に関しては、作成した日の年月日まで正確に書きましょう。年月までだと無効になってしまいます。内容を修正する場合、簡単なものならば右記の方法でも構いませんが、大幅に内容を修正したい場合はできるだけ書き直したほうがよいでしょう。以上の点を注意していれば

遺言書の書き方

遺言書

遺言者・山田太郎は、この遺言書により次の通り遺言する。

1　妻・山田花子（昭和○年○月○日生）に次の財産を相続させる。

土地
所在　東京都新宿区○○町○丁目
番地　○番○号
地目　宅地
地積　○○○・○平方メートル

建物
右同所所在　家屋番号○番○
木造瓦葺二階建居宅
床面積　一階　○○・○平方メートル　二階　○○・○平方メートル

○○銀行○○支店の遺言者名義の普通預金（普通番号9123450）のすべて

2　長男・山田一郎（昭和○年○月○日生）に次の財産を相続させる。

遺言者名義の○○株式会社株式○○万株（○○証券○○支店に預託）

3　この遺言の執行者として、次の者を指定する。

東京都千代田区○○町○丁目○番○号
行政書士　田中太郎

平成○年○月○日
東京都新宿区○○町○丁目○番○号
遺言者山田太郎（昭和○年○月○日生）　印

難しくはないと思いますが、公正証書遺言のほうが確実なのは確かです。

遺言書を複数作った場合は、残された遺言の中で前述の条件を満たしているもので、**日付の一番新しいものが有効とされます。**

自分で遺言書を作成できる場合は問題ありませんが、**認知症の症状が出ている場合は意思判断能力が問題になります。**保佐型までは今まで見てきたものと同様で、保佐人の同意もなく作成することができますが、認知症が後見型まで進んでいる場合は、たとえ自筆の遺言書で署名、日付、押印がされていても無効になります。成年後見人が選任されている場合、本人の意思判断力が一時的に回復したときに、医師2名以上の立会いのもと遺言を残す能力があると証明された場合にだけ作成することができます。

19 遺言で「誰に」「何を」を指定する

法定相続人と法定相続分の規定については、本書の冒頭でも述べたとおりですが、正式な遺言書が残されている場合はその限りではありません。

被相続人は遺言において、誰に何をどれだけ相続させるというように、相続分を指定できるのです。これを**指定相続分**と言います。指定相続分は、法定相続とは異なる分割にするのが普通です。

指定の方法には2つあります。1つは**配分の割合を指定するパターン**。例えば、「何パーセントを妻に、残りを兄弟で等しく分ける」といったものです。預金などはこの方法で指定されることがあります。

もう1つは、不動産などの**特定の財産を指定するパターン**です。分けられない、あるいは分けると不都合が生じる財産に指定する場合にはこの方法が使われます。

ただ、こちらの場合、説明が足りないとかえって混乱の元になります。例えば、「長男にはマンションを与える」と書かれてあったとしましょう。この場合、長男にはマンションだけしか与えないという意味にもとれますし、法定相続分の中にマンションを含ませよという意味にもとることができます。また、マンション以外の遺産を法定相続分で分け、それに加えてマンションを与えるという意味にもとれます。このようなことのないように、**特定の財産を指定する場合は、どのような意味なのか明確に記す必要があります。**

「財産」や「割合」を指定するパターン

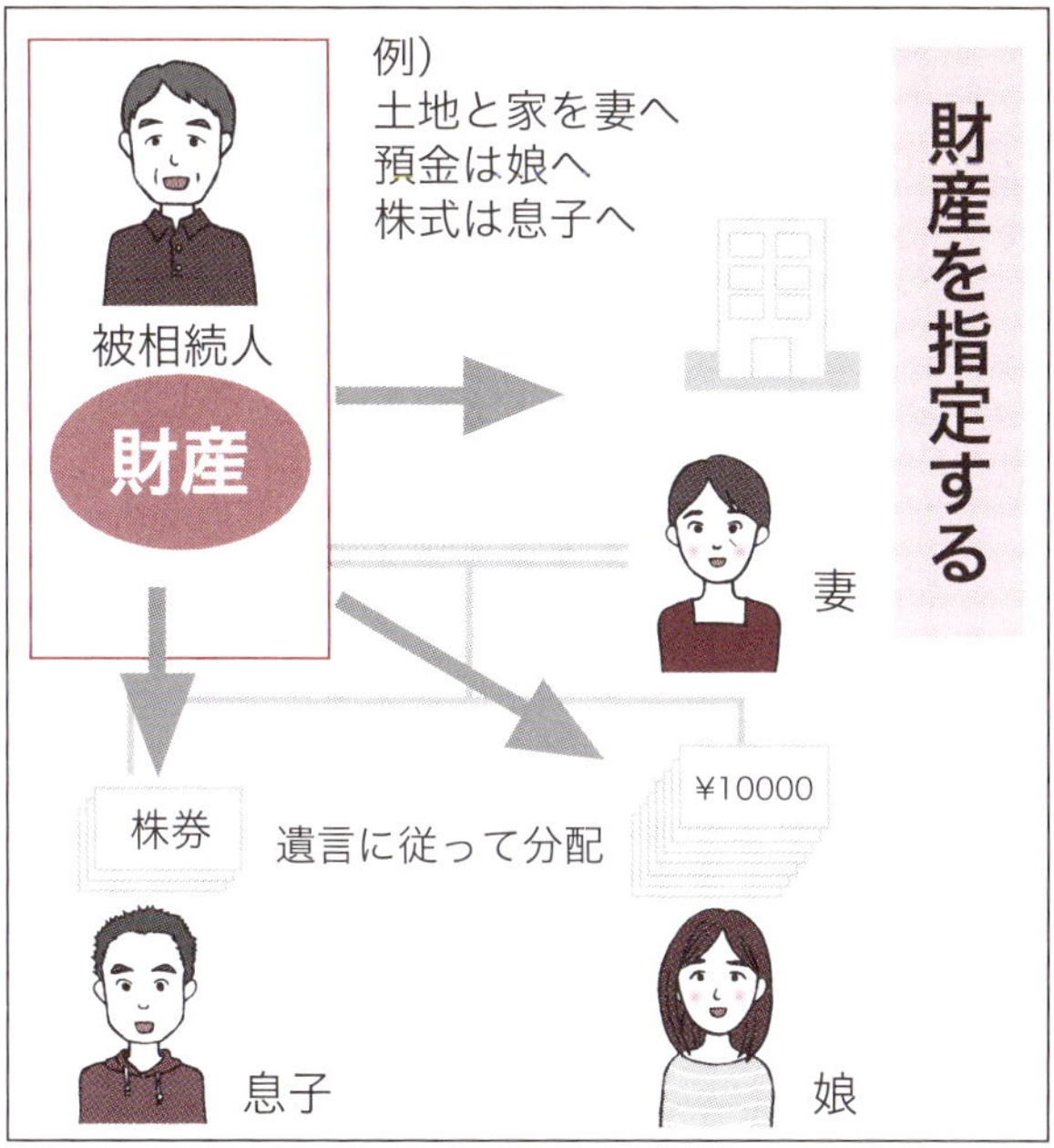

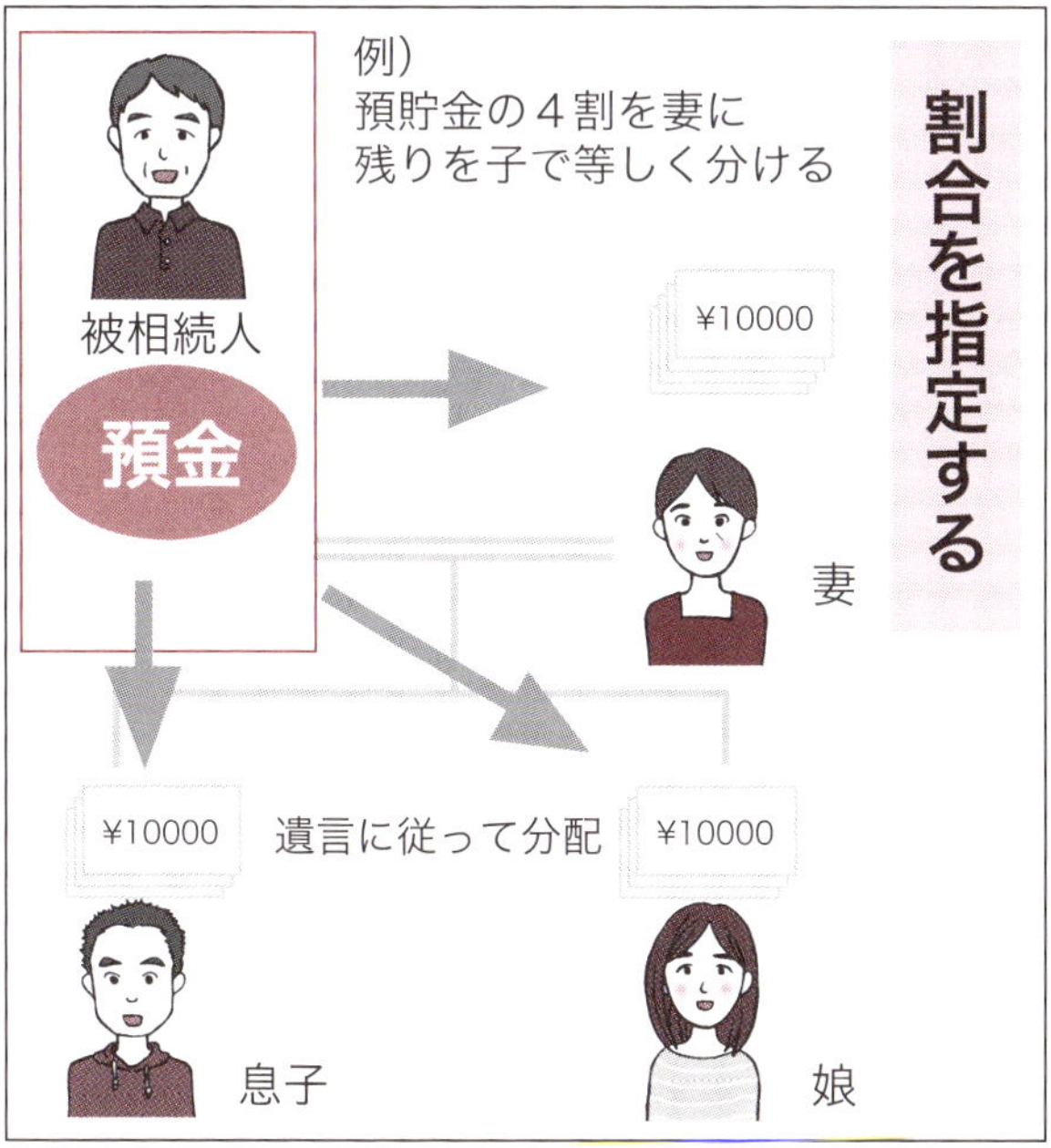

20 相続人の遺留分とは?

遺言で指定したからといって、あまりにも極端な配分にしてしまうとそのとおりにはなりません。**相続人にはこれだけは最低限相続できるという割合が決められています。**これを**遺留分**と言います。遺留分は次のように定められています。

1　配偶者か直系卑属(子供・孫など)のどちらかがいる場合は、相続財産の2分の1。

2　直系尊属(両親など)だけが残されている場合は、相続財産の3分の1。

指定相続分を決める場合には、この遺留分を考慮するのが望ましいでしょう。遺留分を考慮に入れずに遺言を残しても内容が無効になることはありませんが、相続人は原則として1年以内に**遺留分減殺《げんさい》請求権を行使することで、遺留分を確保できます。**

財産価値は時間が経過すれば変動するものです。遺言を作成した時点では遺留分に配慮したつもりでも、遺留分を侵害してしまうこともあります。そのため、**遺留分減殺請求の必要性が出た場合には、どの財産をその補填《ほてん》にあてるかを指定することもできます。**

プラスの財産についての相続の指定については以上ですが、マイナスの財産、つまり借金や債務についてては債権者の立場も考慮に入れなければならないために、遺言で勝手に指定するこ

相続人の遺留分とは？

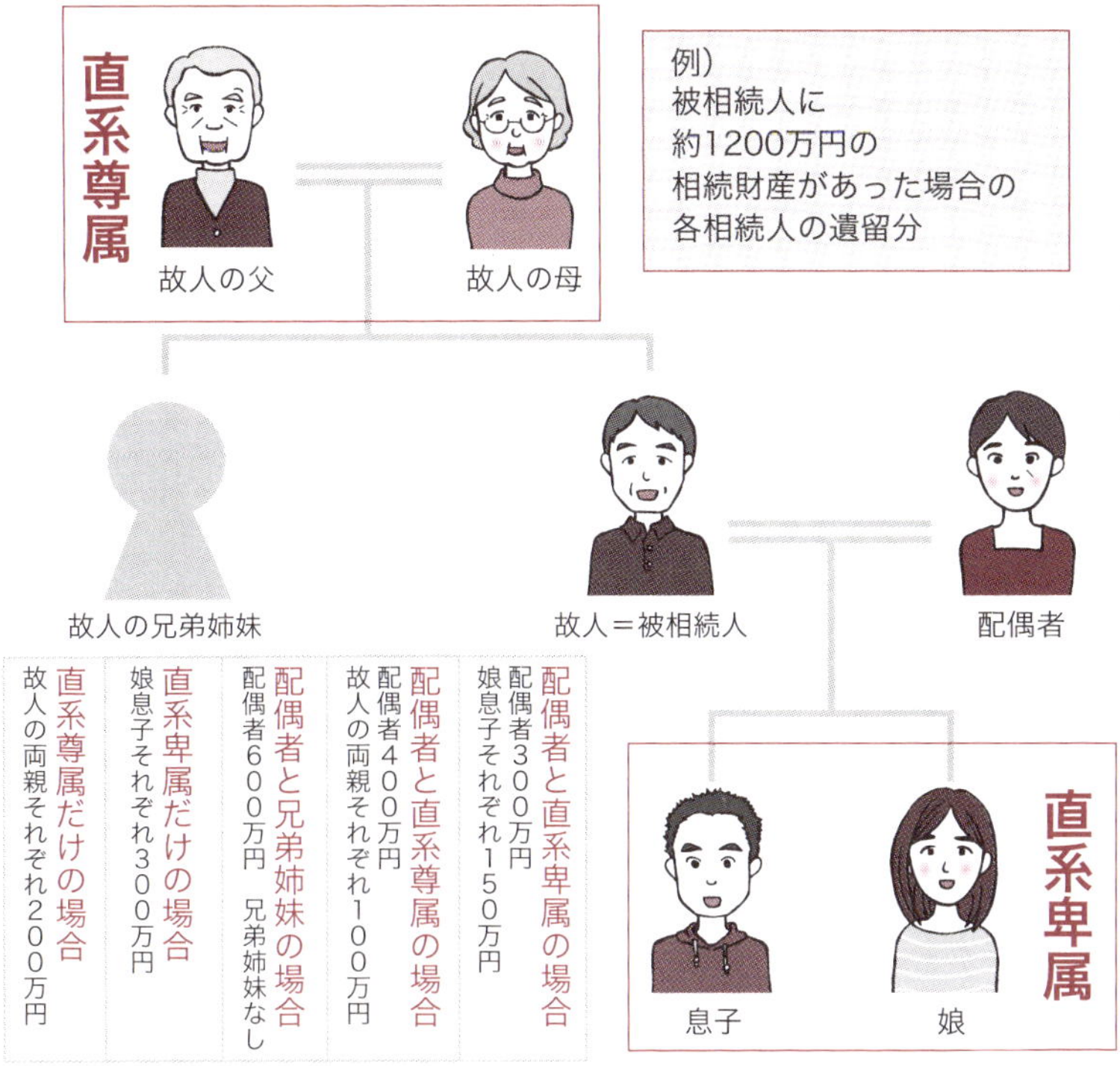

とはできません。つまり、誰かに債務をすべて押し付けるようなことはできません。原則として、**債務は相続分と同じ割合で相続する**ことになります。

また、遺産分割で得た財産が他人の所有であったり、数量が足りなかったり、他人の権利が付着していたりなどの、分割の際には気がつかない問題があった場合には、相続人は他の相続人に対して損害賠償請求や解除を求めることができます。これを**担保責任**と言います。**遺言では、この担保責任の内容を指定することもできます。**

21 遺贈について

遺言では相続のほかに、遺産を与えるように指定することができます。これを**遺贈**と言います。遺贈を受ける人のことを**受遺者**と言います。遺贈では、相続権のない人に遺産を与えることができ、遺産を寄付したい場合などもこれにあたります。また、遺贈は相続人に対してすることもできます。**遺贈には限度はありませんが、相続人の遺留分については指定相続分と同様に保証されます。**

遺贈には大きく分けて特定遺贈と包括遺贈の2つがあります。

特定遺贈は、特定の遺産を指定し遺贈することです。例えば、「遺産の中から500万円を○○に寄付する」といった内容です。

包括遺贈は、遺産の中から割合を決めて寄贈することです。例えば、「遺産の2割を○○に寄付する」といった内容になります。民法990条には、「包括受遺者は、相続人と同一の権利義務を有する」とあります。

遺贈は遺言者から一方的にするものです。受遺者にとっては困惑する場合もあるでしょう。また、特定遺贈の場合は心配しなくても平気ですが、包括遺贈の場合には相続の場合と同様に債務も相続することになります。分割のトラブルに巻き込まれたくないと考える人もいるかもしれません。その場合は、遺贈放棄ができます。**遺贈放棄は相続放棄と同様に3か月以内の手続きが必要になります。**

遺言で財産を指定するのと、遺贈の違いは何？

1　遺贈は寄付などのように、団体にも行うことができる。

2　受遺者が亡くなっている場合、受遺者の権利が誰かに引き継がれることはない。

3　保険金の受取人指定の項目に「相続人」と書かれていた場合、包括受遺者であっても受け取ることはできない。

4　条件を付けて遺贈することができる。

※条件付きの遺贈の例
「○○な場合、○○を遺贈する」（条件付遺贈）
「○○をする代わりに、○○を遺贈する」（負担付遺贈）
「○○年後に、○○を遺贈する」（期限付遺贈）

22 遺言執行者とは？

このように遺言ではさまざまなことを決めることができますが、それを実際に行うのは残された人になります。そのため、遺言では決めたことを実際に実行してもらうために働いてもらう人、**遺言執行者**を指名することができます。遺言執行者は、相続人を代表する地位を有しますので、遺言にすべての財産に関する正確な記載があれば、遺言にもとづいて粛々と名義変更を進めることができる強い力を持ちます。相続人であっても、これを妨げることはできず、遺留分減殺請求によって調整を図るほかありません。

遺言執行者は未成年や破産者以外ならば誰でも指名することができますが、本人が拒否することもできますので、できるだけ生前に依頼しておくようにしましょう。より確実に実行されるためには、**やはり法律に詳しい弁護士や司法書士、行政書士などを指定しておくほうがよい**と思います。

遺言執行者にしかできないことは、認知の届出と相続人の廃除とその取消しです。遺言にこれらのことが書かれていた場合には、遺言において遺言執行者が指名されていない場合でも、相続人は家庭裁判所に申し立てをして遺言執行者を選んでもらわなければなりません。

選ばれた**遺言執行者は、遺言が速やかに実行されるための権利と義務を持つ**ことになります。例えば、相続人が勝手に相続財産を動かした場合なども、遺言実行の妨げになるようならば無効にする権限を持ちます。また遺贈や寄付、認知のための届出や登記、受け渡しなどの手続きは遺言執行者の任務になります。

遺言執行者って どんなことをするの？

1 相続人と受遺者全員へ、遺言執行者に就任した旨を通知する。その際に、遺言書の写しを添付する。
2 相続財産目録を作成して、相続人と受遺者へ交付する。
3 受遺者に対して、遺贈を受けるかどうか確かめる。
4 遺言による認知があった場合、市町村役場に戸籍の届出をする。
5 相続人を廃除する遺言があった場合、相続人廃除の申し立てを家庭裁判所に行う。
6 不動産があった場合は、相続登記の手続きをする。
7 遺言に従って受遺者への財産の引き渡しに必要な手続きをし、引き渡す。
8 相続財産の管理や遺言の執行に必要な一切の行為をする。

23 エンディングノートの準備 〜法的な遺言書との違い〜

ここまでは法律上で効力を持つ遺言について説明してきましたが、ここからは相続や遺産とは違う視点から遺言について見ていきましょう。

まず、考えてみてください。自分の死後に残された遺言が財産のことにまつわることばかりだったら、残された人たちはどう思うでしょうか。やっぱり、少し寂しい気持ちになるのではないでしょうか。家族とは疎遠だから、そんなことはないと思う人もいるかもしれません。そんな人は、自分の両親や祖父母、親しかった友人が亡くなったときのことを思い出してください。生前に話しておきたかったことや、もっと知りたかったことなどがあったりするのではないでしょうか。**残すのは本当に財産だけでいいのかと考えると、やはり自分の考えや気持ちを伝えることも財産を残すことと同じくらい大切なこと**だと思います。

書きたいことがありすぎて、どこから手を付けていいのかわからない。書くことが多すぎて支離滅裂になってしまいそうだと心配な人は、**エンディングノート**を作ってみてはどうでしょう。

エンディングノートとは自分の希望や想いを伝えるためのノートです。病気になったときや介護が必要になったときの覚書、葬儀や戒名・お墓などについての希望、財産目録や財産の保管場所、友人や関係団体のリスト、自分の経歴、家族への想いなどの項目があり、そこに必要事項を書き込むだけで簡単に作れます。これらは法的な遺言書では残せないことです。

エンディングノートはインターネットで無料配布されているものでも、市販されているものでも構いません。普通のノートを買ってきて、自分で項目を分けて書いていくだけでももちろん大丈夫です。残された家族はこのエンディングノートがあるだけで、**事務処理はもちろん故人の想いを汲み取るという意味でも大変役立つ**と思います。

もちろん財産分割のことに関しても書くことができますが、エンディングノートには法的な効力がないので、遺言書の内容と違うことを書き残したりする場合、トラブルに発展することもありますので注意が必要です。

あなたの想いを残すこと、
それは家族に対する
最後の思いやりです。

24 電子遺言で伝える ～想いをリアルに届ける新しい形～

デジタル化の時代とともに、「**電子遺言**」という新しいサービスも登場してきました。

電子遺言は、**簡単に言えばインターネットを使って記録する、伝達機能を持ったエンディングノートの電子版です**。残せる内容はエンディングノートと同じように、財産目録や重要書類の保管場所、友人や関係者の連絡先、人生の記録（自分史）、家族への想いや感謝の言葉を綴ったメッセージなどです。エンディングノートとの大きな違いは、インターネットの環境さえあればパソコンや携帯電話などを使って、**思いついたときにいつでも何度でも書き換えが可能**であるという点です。さらに、電子遺言はデータで保存するため、文字で書いた言葉だけでなく**画像や音声、動画を交えてメッセージを残せる**のも大きく違う点です。

私的な想いを綴ったエンディングノートを作りたいけれど、書き換えが面倒だと感じたり、自分が元気なうちに家族に見られることや、災害や盗難などでノートそのものが紛失してしまうかもしれないと心配している人がいるならば、電子遺言という方法もあります。

電子遺言は、書かれた内容が誰かに見られたり、漏えいしたりすることがないように、インターネット通信の**データを暗号化してクラウド環境に保存**するなど、十分な**セキュリティ対策**

がされています。また、**本人が亡くなった後に初めて本人が指定した受取人（相続人）にパスワードが渡されデータが開示**されますので、本人が亡くならない限り受取人に内容が知られることはありません。

電子遺言は伝達機能を持ったエンディングノート

メッセージ、写真、音声、動画をパソコンを通してサーバーに保存。本人の死後に、セキュリティが解除されて、家族が電子遺言を受け取る。

電子遺言の利用は有料ですが、解約のときには今まで自分で書き溜めてきたデータを印刷してバックアップすることもできます。興味がある人は試してみてはいかがでしょうか（電子遺言バンク：http://www.eyuigon.com）。

■遺言は残された人たちの力になる

ここまで遺言について見てきましたが、皆さんはどのように感じたでしょう。遺言について考え始めたばかりだという人は、いろいろと大変だと思われたかもしれません。

たしかに遺言を残すのは大変な仕事であります。しかし、残された人たちも大変なのは同じです。

遺言には、残された人たちの負担を軽減してあげる力があります。しっかりした遺言書を作れば、遺産分割や相続はその分スムーズに行われます。残されたリストや記録は、相続や葬儀などの事務処理の手助けをしてくれるでしょう。そして、家族や友人へのメッセージは、その後の彼らの人生の糧や心の支えとなってくれるはずです。それならば、少しくらい大変でもやってやろうという気持ちにはなりませんか。

遺言は故人の最期の言葉です。受け取る側もそれを真摯《しんし》に受け止めることができます。ですから、自分の正直な希望とメッセージを残してあげてください。

繰り返しになりますが、電子遺言やエンディングノートは法的な効力はありませんので、遺産分割や相続については正式な遺言書を残し、家族へ伝えたいさまざまな想いは電子遺言やエンディングノートに残すというように、うまく使い分けてください。

遺言書Q＆A

Q

認知した子供が家族以外にいるのですが、その子のために別に遺言を作ったほうがよいでしょうか？

A

認知した子供を除外した遺言は有効であり（ただし、遺留分の問題は考えておく必要があります）、別に遺言書を作る必要はありません。ただ、エンディングノートを書くことも1つの方法と思われます。

その子供のためを思うならば、その子供に対してだけではなく、残された遺族にもしっかりと説明することが大事でしょう。それが、たとえ遺言書に書かれたものでなくても、事実上の効果はあります。財産分割の方法を決めるためのものだけではなく、そういった家族へのケアも遺言書やエンディングノートの大切な役割です。

ちなみに民法で定められた形式による遺言を2つ作成し、その内容に食い違いがある場合には、日付が後のものが有効になります。

Q

少し趣向をこらした遺言書を作りたいと思いますが、例えば英語で書いたり草書体で書いたりした遺言書は法的に認められますか？

A

判読可能ならば認められます。ただ、草書体などで書くときは乱筆と間違われないように注意してください。できれば法的な遺言書は誰にでもわかるような形式で残すのが望ましいと思います。ちなみに、公正証書遺言を利用する場合には、通訳を立ち会わせて遺言を作成することもできます。

Q 遺言で書き残したいことが多く、特に何人かの人には個人宛で遺言を書きたいと考えていますが、注意しなければならないようなことはありますか？

A 遺産相続などに関する遺言書は、法的に認められた形式のもの以外は効力を持ちませんが、逆に考えれば、それ以外の個人宛の遺言では好きなことを書き、伝えることができるということでもあります。ですので、そうしたいと考えるならば、ぜひ実行するべきです。

注意しなければならない点は、法で認められた形式で複数の遺言を作成した場合、その内容に食い違いがある部分については、後に作成されたものが有効となる点です。

また、遺産相続などについて、この遺言にはこう書いてあるけれど、こちらには反対のことが書かれているということでは、法的には認められない遺言であってもトラブルになる可能性もあります。それだけ考慮していれば特に問題はありません。

Q 過去に遺言書を作成したのですが、事情があり財産を処分しなければならなくなりました。この場合、遺言書に書き残した財産がなくなるわけですから、遺言書は無効になってしまいますか？

A　遺言書自体は無効にはなりません。その財産について書いた部分に関してだけ、遺言が撤回されたことになります。無効にはならないのでそのままの遺言書でもいいですが、配分のバランスや相続人の気持ちを考えれば、新たにそれを考慮した遺言書を作成するのが望ましいでしょう。

Q　一緒に暮らしている猫に相続させるような遺言をしたいと思うのですが、法的には可能なのでしょうか？

A　猫には権利能力がないので、相続をさせることはできません。ですので、遺言に残しても無効になってしまいます。遺言に残すならば、条件付きで「猫の世話をこれだけする者に、〇〇の財産を与える」などとすれば、希望に添えるかもしれません。

第4章　遺族に負担をかけないために
――相続税への対策

元気なうちにきちんと財産を整理しておけば、相続が始まった際に残された家族の負担は大きく軽減できます。その方法はさまざまありますが、ここではその基本的な方法をいくつか見ていきましょう。

25 相続税の生前対策とは？

ここまでは、残された家族のためにできることについて遺言を通して見てきましたが、このように生前に相続について対策を行うことを**生前対策**と言います。

生前対策には、以下の3つの目的が挙げられます。

1 遺言や財産目録などを作成することで、相続をスムーズに行えるようにする。

2 死後にどうしてほしいか、自分の希望を伝える。

3 相続税を減らすための節税対策や、納税資金の確保。

1と2は前章で見てきましたので、ここでは**相続財産の節税対策**に関してより具体的に見ていきたいと思います。

生前にできる節税対策は主に2つの方法があります。1つは**生前贈与**を利用すること。そして、もう1つは**相続税を少なくする**ことです。

生前贈与を利用する方法とは、**贈与税における基礎控除や配偶者控除の特例**、あるいは相続時精算課税（値上がりが確実な財産について）を利用することです。

相続税を少なくする方法とは、相続税の対象となる財産をあらかじめ評価額が低いものにしたり、非課税の財産を増やしたりする方法です。例えば、**預貯金などを不動産に換える、被相続人が生命保険に加入する、墓地などを生前に購入する**、といったことが考えられます。

これらを上手く組み合わせることで相続税を効率的に節税できる可能性があります。ただし、節税対策には注意すべき点があります。

まず、支払われる予定の相続税の資金を手元に確保しておくということが大前提になりますし、税法もたびたび改正されます。税法が改正されることで、場合によっては先に述べたような節税対策が無効になる可能性もあります。

ですが、**リスクを分散させることで生前対策は行ったほうが結果的には残された人たちのためになる場合が多いでしょう。**財産が多い場合などには、相続税に詳しい税理士に相談するなどして対策を講じるほうが、結果として得になることも多いかと思います。

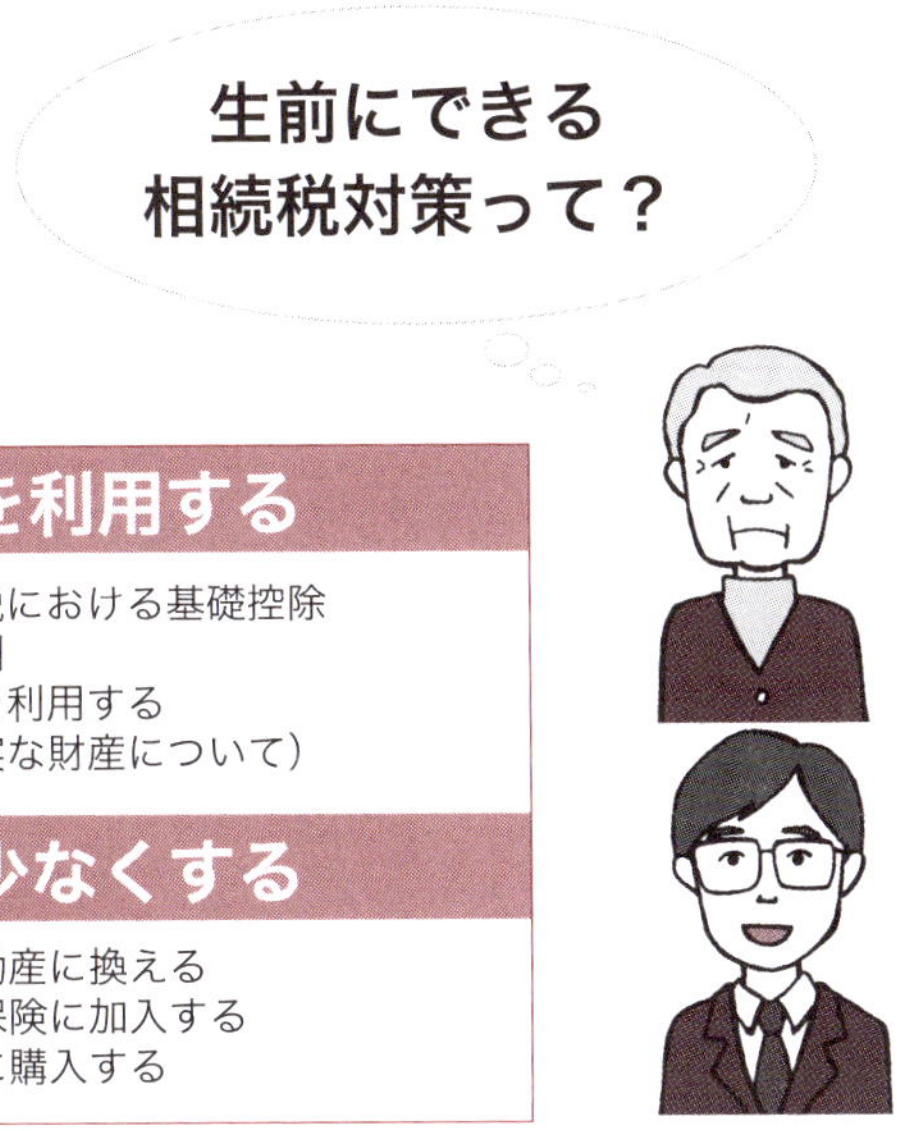

代表的な方法

生前贈与を利用する

贈与税の暦年課税における基礎控除
配偶者控除の特例
相続時精算課税を利用する
（値上がりが確実な財産について）

相続税を少なくする

預貯金などを不動産に換える
被相続人が生命保険に加入する
墓地などを生前に購入する

26 相続税とは?

遺産相続において相続税は相続をするほうも、されるほうも気になることです。相続税とは、相続や遺贈など人の死亡をきっかけに財産を取得した個人に課せられる税金のことを言います。

相続税の対象となるのは、**相続、遺贈、死因贈与、相続時精算課税に係る贈与によって財産を取得した場合、相続開始前3年以内の贈与によって財産を取得した場合**とされています。遺贈とは被相続人が遺言により、相続人以外にも無償で財産を譲渡すること。死因贈与とは贈与する側があらかじめ受贈者が承諾の上で、贈与する側の死亡を条件に財産を譲渡する契約です。**相続時精算課税**とは生前贈与された財産については2500万円までは非課税としておき、贈与時の時価を相続時に相続財産に加算して相続税額を計算することで精算するという制度です。

相続税は遺産額によっては支払わなくてもよいケースがあります。具体的には、遺産額が基礎控除を超えていない場合は支払いの義務が生じません。

基礎控除の計算は左の図のとおりですが、5000万円+(1000万円×法定相続人の数)

基礎控除額の計算

基礎控除額＝5,000万円＋（1,000万円×法定相続人の数）

これで算出された基礎控除額が遺産よりも

少ない　→　相続税を支払わない

多い　　→　相続税を支払う

例）法定相続人が３人の場合……

5,000万円＋（1,000万円×３人）＝8,000万円

つまり遺産が **8,000万円以下** であれば相続税を支払わない

によって算出されます。

一方で、相続税の対象とならない財産もあります。主な例を挙げると、墓所、相続人が取得した生命保険金のうち５００万円×法定相続人の数、心身障害者扶養共済制度に基づいて支給される給付金の受給権などです。

また、厳密には相続や贈与で取得したわけではない生命保険金や死亡退職金などは**みなし財産**と言い、課税の対象となるため注意が必要です。

27 贈与税のルールは節税に活用できる？

それでは、まず生前贈与による節税方法を見ていきましょう。

贈与とは個人から財産を受け取ることで、これにかかる税金を**贈与税**と言います。贈与は生前に譲り受けた現金や土地などのほか、自身で保険料を負担していない保険金を受け取った場合もこれにあたり、贈与されれば贈与税の対象となります。

贈与税は相続税と比較して税率が高く設定されているため、一見すると損をしてしまいそうですが、贈与税では**暦年課税**と言われる贈与を受けた財産から110万円を基礎控除として引く仕組みが認められています。

裏を返せば、**年間の贈与の合計額が110万円以下であれば課税の対象とならない**、ということです。これを利用し、毎年110万円以下で贈与を続け、**相続が開始する3年前まで**に贈与した財産については相続税の対象から外れます（ただし、連年贈与とみなされないよう注意する必要があります）。

逆に言えば、相続・遺贈により財産を取得した者が、被相続人の死亡から3年前以内に贈与された財産については、相続税の課税価格に加算されます。

贈与を使った節税対策例

基礎控除を利用した贈与

贈与税の1年間の基礎控除額である110万円の枠を利用して、
毎年複数の法定相続人に対して贈与していく方法。

配偶者控除を利用した贈与

配偶者に対して居住用の財産を贈与した場合には
2,000万円まで贈与税が無税になる制度。
以下の条件を満たす必要がある。

1)婚姻期間が20年以上である配偶者への贈与であること。
2)贈与した財産が居住用の財産、
あるいは居住用の財産を購入するための金銭であること。
3)居住用の財産の贈与である場合は翌年3月15日までに居住し、
その後も引き続き居住する見込みがあること。
4)今までに、その配偶者からの贈与について
配偶者控除を受けていないこと。
5)贈与税の申告をすること。

次に、配偶者控除の特例ですが、これは配偶者間で居住用不動産または居住用不動産を取得するために金銭の贈与が行われた場合は、基礎控除の110万円とは別に、**最高2000万円まで控除される**という特例です。配偶者控除には夫婦の婚姻期間が20年以上などの条件や、同じ配偶者間で一度しか使えないという制約もありますが、こちらも相続税、贈与税の対象から外す有効な手段となり得ます。登記費用もかかるため、節税効果があるのかどうか税理士に相談して行ってください。

28 遺産の種類によって節税対策は異なる

相続されるもの、言い換えると**相続税の対象となるものには現金のほかに有価証券、不動産、生命保険など経済的価値のあるものすべてとなります。**

有価証券のうち株式については、大まかに上場株式、気配相場のある株式、取引相場のない株式の3つに分けられます。さらに、上場株式の場合は課税時期（被相続人の死亡日や贈与を受けた日）の最終価格、課税時期にあたる終値の月平均額、課税時期前月の終値の月平均額、課税時期前々月の終値の月平均額の4つのうち最も低い額で評価する、というように評価方法は細かく設定されています。

また、**現金や上場株式のように節税余地のない財産をそのまま遺産にするよりも、一部あるいは全部をほかの経済価値のあるものに換えたほうが相続税を抑えられるケース**があります。

例えば、生前に墓地や墓石、仏壇を購入する方法があります。被相続人を葬るための墓地や墓石、仏具類は非課税財産となります。しかし、死後にこれらを購入した場合は非課税財産になりません。そのため、可能なかぎり墓地や墓石、仏壇は生前に購入することをおすすめします。

区分	選択特例対象宅地等	限度面積	減額割合
①	特定事業用宅地等、特定同族会社事業用宅地等、国営事業用宅地等　※1	400㎡	80%
②	特定居住用宅地等	240㎡	
③	貸付事業用宅地等	200㎡	50%

※1　国営事業用宅地等の特例は平成19年10月１日以降廃止されました。
　　　しかし、一定の要件を満たす場合には引き続き特例が認められます。
※2　2種類以上の小規模宅地等の特例適用を受ける場合の限度免責の計算式

①×②×5/3＋③×2≦400㎡　（①、②、③は上記①、②、③の面積の合計です）

〈特定事業用宅地等〉

被相続人等（同一生計親族を含む）の事業に供されていた宅地等で、その事業を申告期限までに承継し、かつ、申告期限までに引続きその事業を営んでいる場合などをいう（不動産貸付業等は除く）。

〈特定居住用宅地等〉

被相続人の居住の用に供されていた宅地などで、その宅地等の取得者が配偶者や同居親族で申告期限までにその宅地等を有し、かつ、その宅地等に居住している場合などをいう。

もう少し細かく説明すると被相続人から相続した現金や預貯金で購入した場合は、課税の対象となってしまうので留意してください。

また、少し変わった方法としては、更地に貸家を建てた場合、土地の評価が下がり、その建設費などの借入金は債務控除となるため相続税の減額に大きな効果があります。しかし、貸家の評価額はプラスの財産になるので注意が必要です。

家屋については、改築も節税の効果があります。改築にかかる費用は建物の評価とならないため、生前に改築しておけば相続人が後に改築するよりお得です。

さらに、一定の面積以下の宅地については評価が軽減される措置があります。上の表にある限度面積まで減額することが可能です。

29 生命保険を活用して節税できる？

生命保険金は一定額まで非課税となるため、被相続人が生命保険に加入しておけば節税対策になり得ます。さらに、生命保険金は被相続人が死去した際にまとまった資金を確保できるため相続税などの納税対策金として活用することもできます。

生命保険金を節税対策に使う場合には次のような注意点があります。

まず生命保険において非課税が適用される条件として、**被相続人を保険料負担者および被保険者、相続人を受取人とした場合に限られる**という点です。生命保険と同様な性質を持つものとして死亡退職金もありますが、これも非課税の計算式は生命保険と同様なものとなります。

また、節税対策のために生命保険に加入するにあたり考慮すべき点もいくつかあります。

まず、どの種類のどれくらいの掛け金の生命保険に加入するかということです。これについては各個人、家庭などであらかじめ相続税がいくらになるかを把握しておく必要があります。そのためには当然、財産の整理、評価をしておかなくてはなりません。

次に受取人を誰にするかということです。もし配偶者がいて健康であれば受取人を配偶者にしているケースも少なくないでしょう。しかし、**相続税の減税の観点で見れば受取人は子供に**

例えば……
被保険者に相続人となる子が４人いて、
遺産が現金で総額1億円であった場合

**生命保険で相続したほうが
節税できる場合がある？**

基礎控除額＝5,000万円＋(1,000万円×４人)＝9,000万円

１億円－9,000万円＝1,000万円が相続税の対象

ここであらかじめ生命保険に加入しておく
1,000万円は生命保険金で相続
残りは基礎控除の範囲内となり相続税がかからない

**生命保険金の非課税となる一定額=
(500万円×法定相続人)**

この場合(500万円×４人)＝2,000万円までが非課税額となる

※生命保険金において非課税が適用される条件として、
被相続人を保険料負担者および被保険者、相続人を
受取人とした場合に限られる

するほうが効果的です。先述したとおり、配偶者には軽減措置などが手厚く用意されているため実際に相続税の納税で困るのは子供になることがほとんどだからです。

保険加入の時期の選択についても検討が必要です。相続税の納税資金を確保するという観点で見れば終身保険に若いうちに加入するのが適切です。

30 現金や預金は不動産に換えたほうが得か？

手元にある程度の現金や預貯金があり、相続税の納税にも余裕がある方は不動産に換えるという節税方法もあります。

現状、宅地の評価額は**公示価格**の80％とされています。公示価格とは国土交通省が毎年3月に公表する土地の価格です。家屋の評価額については新築価格の50～70％とされているため、同額の財産であれば現金よりも不動産のほうが低く評価されることになります。

さらに、居住用宅地、事業用宅地については、**小規模宅地等の特例**が適用されます。この**特例は特定居住用宅地、特定事業用宅地・特定同族会社事業用宅地、貸付事業用宅地**の3とおりに分類され、例えば、被相続人の住宅の敷地を配偶者が取得した場合に特定居住用宅地と認定されれば、限度面積240㎡までは一定の条件のもとに80％引きで宅地評価されます。

加えて、不動産を購入する際に銀行などからローンの借り入れなどがあれば、債務額がそのまま財産全体の額を下げて節税に役立つのです。

また、賃貸住宅にしておけば、土地・建物の評価減ができ、その家賃収入などをそのまま納税資金に転用することもできます。

ただし、当然ながら**賃貸経営のリスクもありますので**、**慎重に検討することが必要です**。

不動産に換えたほうが節税できる場合がある？

現金で相続する場合

5,000万円
すべてが相続税の対象に

不動産で相続する場合

土地を3,000万円
家屋を2,000万円
で購入

評価額が購入時の
土地が80%
家屋が70%
だとすると…

3,000万円×0.8+2,000万円×0.7=
3,800万円

現金で相続する場合と比べ
1,200万円
が相続税の対象にならなくなる

相続税対策Q＆A

Q 生前対策で専門の人に相談しようと考えています。どのような人に頼めばいいでしょうか？

A これは難しい問題です。生前対策においては、遺言ならば弁護士や司法書士、行政書士、節税対策ならば税理士にまず相談するのがいいでしょうが、相続関連の包括的な法律知識が求められるので、資格があるからその問題に詳しいとは限りません。
また、節税対策には移転登記や財産調査といった作業も必要になり、士業者間で業務を分担することになります。
ポイントはやはり信頼できる人なのかどうかです。それは、会って話を聞いてみるしかありません。また、複数の国家資格者が所属する士業事務所、複数の資格者が連携している事務所に相談することで、懸念を回避できるかもしれません。

Q 財産を不動産に換えて節税対策をしようと考えていますが、デメリットが心配です。どのようなことを注意しなければならないでしょうか？

A 財産を不動産に換えた場合、次のようなデメリットが考えられます。
まず、評価額が新築時より下がるので、ふ

たたび換金しようとした場合には損をすることがあります。次に賃貸で回収しようと考えているならば、空部屋になるリスクも考えなければなりません。また、ローンなどを組んだ場合には金利が上昇する可能性もあります。

このような点をふまえながら、よく検討して対策を行ってください。

Q 財産の中に人に貸している土地があるのですが、収入は少ないのにもかかわらず相続税がかなりかかってしまうようなので処分したいと考えています。このような場合、どうすればいいですか？

A 借地権を持っている借主に買い取ってもらうのが望ましいですが、それができない場合には借地の状態で第三者に売却することもできます。ただ、評価額はそれほど期待できないかもしれません。

また、借地権を持っている人から、借地権を買い取って、その後、借地権なしの土地として売却するという方法もあります。

Q 節税対策として、アパートを建てることを考えていますが、個人名義で建てるべきか、会社名義で建てるべきかで迷っています。どちらのほうがより節税できるのでしょうか？

A 個人で建築した場合、財産が建物になることにより相続税の評価額が低くなり、相続税が下がるメリットがあります。一方で、会社で建築した場合、物件の収入がすべて会社に入ることになり、利益の一部を個人へ報酬として支払うことにより、所得税と住民税を減らすメリットがあります。

どちらがよいかは、状況によって異なるので一概には言えません。1つの目安となるのは被相続人の年齢です。高齢の場合は、相続税対策のために個人で、まだ若いならば、所得税、住民税の対策のために会社で建設するといった考え方です。

Q 自宅の隣のかなり広い土地が売りに出されていて、節税対策のために購入を考えています。ゆくゆくは自宅を取り壊し、分譲かマンションにしようと考えていますが、これは節税対策になるでしょうか？

A 詳しい情報がないとわかりませんが、広大地と認められるくらいの広さならば、かなり節税される可能性があります。

広大地とは、一般的な宅地面積に比べて著しく広大な土地のことで、都市圏では500㎡以上の一団の土地は広大地評価ができる可能性があります。広大地の相続税評価は、通常の土地評価よりも半分くらいまで減額して評価することができます。

分譲かマンションかの判断は立地によって異なるかと思いますが、駅前などならばマンションのほうがよいかもしれません。ただ、マンションの場合、広大地の減額が見込めないことを考慮する必要はあります。

第5章　突然、その日はやってくる
——死後の手続き

被相続人が亡くなっても、相続はすぐに開始されるわけではありません。残された家族には、葬儀や各種手続きなど行わなければならないことが数多くあります。ここでは、そのために必要な予備知識を見ていきましょう。

31 死後、遺産相続が開始するまで

被相続人が亡くなるまでの準備も大変ですが、実際に亡くなった後もしなければならないことは沢山あります。簡単な流れは第1章でも触れましたが、本章では被相続人の死後に必要となる手続きについてより詳しく見ていきましょう。

まず、死後7日以内に死亡届の提出、10～14日以内に被相続人の**健康保険**や**公的年金**、**介護保険**などの支給、返還手続が必要になります。例外として、国外で死亡した場合の死亡届は、その事実を知ってから3か月以内まで認められています。

死亡した人が世帯主であった場合は、**世帯変更届**も必要となります。こちらは14日以内の提出が求められますが、届出先は市区町村役場となっていますので、死亡届とまとめて提出してもよいかもしれません。

最後に被相続人が生命保険に加入しているケースです。生命保険の受取人は担当営業や最寄りの営業所、サポートセンターに連絡をとり、支払い請求に必要な書類を揃えましょう。ここで注意しておきたいのが、保険料負担者と受取人が被相続人以外で同一人物である場合、一時所得とみなされて所得税や住民税が発生する可能性があります。

相続がスタートするまでの一般的な各種手続き

死亡届	7日以内
世帯変更届 ※死亡した人が世帯主であった場合	14日以内
健康保険証の返還	14日以内
介護保険被保険者証の返還	14日以内
国民健康保険 葬祭費や埋葬料の支給手続き	2年以内 ※葬儀後
国民年金 年金受給権者死亡届 ※遺族基礎年金、寡婦年金、死亡一時金が支給されます。	14日以内
厚生年金 年金受給権者死亡届 ※遺族厚生年金が支給されます。	10日以内

※国民健康保険、国民年金、厚生年金の各種支給手続きには、
一定の条件が必要となります。
詳細は各管轄の役所等にお尋ねください。

32 死亡の定義、認定死亡と失踪宣告とは?

繰り返しになりますが、相続は死亡により開始します。被相続人が老衰や病気、事故などいわゆる自然死亡であれば医師の診断をもって死亡が認定され、同時に相続が開始されます。

しかし、一般的に死と定義してよいのか判断しづらい事由もあると思います。例えば被相続人が行方不明になっている場合、災害により生死不明な場合、脳死などが例に挙げられます。

法律では、自然死亡のほかに**失踪宣告**、**認定死亡**、**同時死亡の推定**などの定義が定められています。ここでは、それぞれの概略を見ていきましょう。

失踪宣告は、**不在者の生死が7年間わからない場合**、**戦争や船舶の沈没、震災などの危機に遭遇してその危機が去ってから1年間生死がわからない場合**にされます。失踪宣告をされると、行方不明者は法律上では死亡として扱われ、相続が開始します。

認定死亡とは水難や火災そのほかの事変により死亡したことが確実であるが、遺体が見つからない場合などに、取り調べにあたった官公署などが死亡の認定をすることを言います。

同時死亡の推定とは、火事や災害などで複数人が死亡し、死亡した人の死亡時期の前後が不明な場合に法律によって全員、同じ時間に死亡したものと推定する制度です。

自然死のほかにどんな場合に相続が始まるの？

失踪宣告	不在者の生死が不明の場合	7年間が経過した日
	戦争や船舶の沈没、震災などの危機に遭遇した場合	その危機が去ってから1年間が経過した日
認定死亡	水難や火災などの事変で死亡したのは確実だが、遺体が見つからない場合、取り調べにあたった官公署が認定	
同時死亡の推定	複数が死亡した場合で、被相続人と相続人の死亡時間が不明の場合、法律で全員同じ時間に死亡と推定	
脳死	事務手続き上は、死亡とされる場合が多いが、医学的脳死は法律上は死亡とされないため、相続は開始されない可能性がある	

33 死亡届の提出方法

死亡届は親族や同居者による提出が義務付けられており、届出用紙は近くの市区町村役場、病院などで入手できます（親族に代わって、多くの場合は葬儀会社が代行）。提出先は死亡した被相続人の本籍地、死亡地、または届出をする人の住民票がある市区町村役場となります。

死亡の判断、証明ができるのは診断した医師もしくは歯科医師のみです。この医師による**死亡診断書（死体検案書**※歯科医師は交付できません**）**も死亡届の際に役所に提出する必要があります。通常、これらの書面は死亡届と一体となっていることがほとんどです。

死亡届を役所に提出すると**死体埋火葬許可書**が交付され、文字どおり火葬や墓地への埋葬が許可されます。自治体によって、死亡届とは別に死体埋火葬許可の申請書とよばれる書類の提出を求めるところもあるようです（多くの場合は、葬儀会社が代行）。

なお、死亡届の提出により戸籍、住民票、印鑑登録などはそれぞれ自動的に処理されます。**死亡届の提出と同時に、被相続人に遺言がないか確認しましょう。**被相続人が遺言を残している場合は、原則として遺言の中に書かれた内容を執行する遺言執行人の選任を家庭裁判所に申し立てる必要もあります。その後、ようやく相続人の確定作業という流れになります。

死亡届の事務処理の流れ

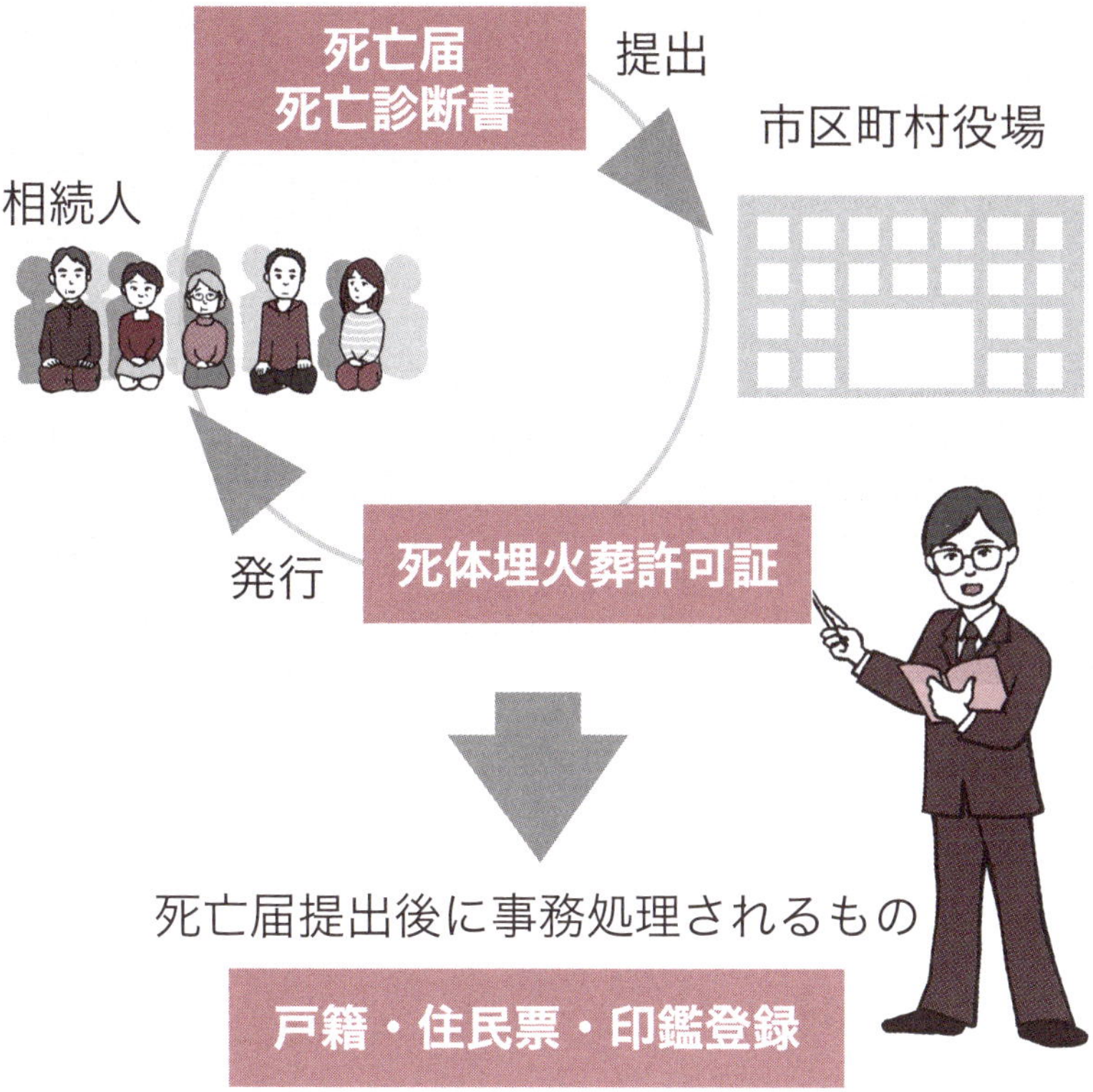

34 葬儀費用は誰が負担するの？

死亡届を提出すると故人を葬るための葬儀を行うことになりますが、葬儀には費用がかかります。ひと昔前では、通夜や告別式の相場は200万円から300万円前後と言われていました。これに納骨の費用が20万円前後、さらにお布施や飲食代、位牌料、その他雑費で100万円前後が加算され、全部で大体300万円から400万円の費用を準備しておく必要がありました。

しかしながら、近年では家族葬なども増え、300万円を超えるような葬儀は少なくなり、葬儀費用全体で100〜150万円が大半を占める時代となってきました。

葬儀の費用は、基本的に被相続人の財産の中から支払うことができます。この葬儀費用は必要経費とみなされ、相続財産から差し引いて計算できます。

葬儀費用として控除の対象となる主なものとしては、本葬費用、通夜費用、僧侶や寺院へのお布施、葬儀会場の費用、通夜の食事代、遺体運送費用などです。

一方で、葬儀費用に含まれないものとしては、香典返し費用、仏具代などが挙げられます。香典返しの費用は相続財産から控除されませんが、**香典については通常の金額であれば贈与税の対象とならず、非課税**となります。

なお、相続財産から控除できるのは葬儀から告別式までの費用となり、その後の四十九日や何回忌、法事等にも費用がかかりますが控除の対象とはなりません。

相続財産から控除されるもの

- ・お通夜、告別式にかかった費用
- ・葬儀に関連する料理代
- ・火葬料、埋葬料、納骨料
- ・遺体の搬送費用
- ・葬儀場までの交通費
- ・お布施、読経料、戒名料
- ・お手伝いさんへのお礼
- ・運転手さん等への心付け
- ・その他通常葬儀に伴う費用

相続財産から控除されないもの

- ・香典返し
- ・生花、盛籠など
  ※喪主・施主負担分は控除されます。
- ・位牌、仏壇、墓石の購入費用
- ・法事（初七日、四十九日）に関する費用
- ・その他通常葬儀に伴わない費用

35 墓地の管理は誰がするの？

墓地などは相続財産に含まれないため、**先祖代々の墓地の引継ぎは一般の相続とは別に扱われます。**ここでは、その承継の取り決め方法を見ていきましょう。

事前に現承継者が次期承継者を指定していれば問題ありませんが、必ずしもそうとはかぎりません。その場合、遺族の相談によって決めることになりますが、それでも決まらない場合は家庭裁判所が定めることになっています。お墓の承継者はお寺や霊園などに管理費を支払う義務が発生します。

なお、**墓地の相続そのものについては、法律的に特別な手続きをする必要はなく、**前承継者が新承継者を指定した場合も、慣習あるいは家庭裁判所の裁定によって承継が決まった場合も変わりはなく、仏壇や仏具についてもそのまま受け継げます。一方で、お寺や霊園には承継者が代わった旨を届ける必要があります。

もし、お墓が不要となった場合は、管理者に返還することになり墓地は墓石などを完全に撤去し、原状回復の状態まで戻す必要があります。仮に永代使用料を支払ったが、途中で返還した場合は、各管理会社の規則によって異なりますが一般的には返金されません。

永代使用料は墓地を購入する際に一度支払うだけですが、管理費は1年ごとの支払いが必要です。まとめ払いの料金設定がされている霊園もあるようですので予算に応じて選択しましょう。なお、承継による名義変更などには1万円程度の手数料が必要となるところがほとんどのようです。

次期承継者決定の流れ

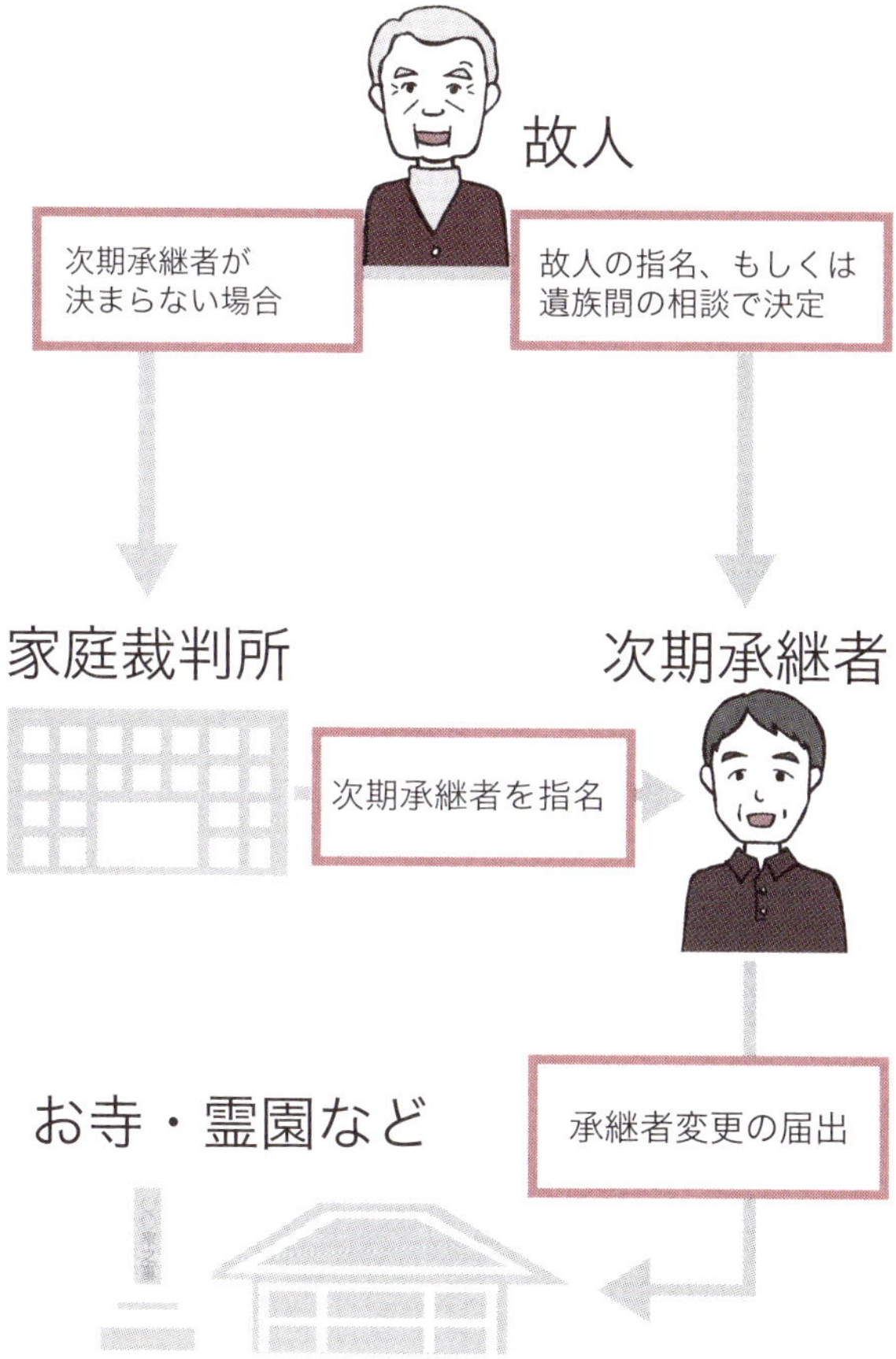

死後の手続きQ&A

Q 被相続人が亡くなりましたが、相続税を払わないために死亡届を出さなかった場合、何か罰則などあるのでしょうか?

A 死亡届を出さない場合、まず火葬にできず葬儀もできません。死体を放置することになれば死体遺棄の罪に問われることにもなります。また、年金を不正に受給することは詐欺罪に問われることになります。亡くなったら死亡届は必ず出しましょう。

Q 被相続人が脳死状態です。この状態で相続を開始することはできますか?

A 心停止でも脳死でも、死亡診断書がなければ相続は開始できません。脳死の場合、心停止の時間を死亡時間とするか、それとも脳死判定の時間を死亡時間とするかで、相続開始時期が異なるので注意が必要です。

Q お墓の管理を引き継いだのですが、永代供養や管理費、更新料など予想外の出費が多いのですが、どうしたらいいでしょうか?

A

永代供養とは文字どおり永代にわたって墓を管理してくれるという内容ですが、契約事項などを細かく確認しないと、数十年後には更新料が必要と明記されている可能性があります。

この管理費が未納となり承継者などと音信不通であると、一定の手続きの後に無縁墓地として処理され、墓地が他人名義になっていたというトラブルも少なくありませんので事前に注意する必要があります。

もしも維持に支障があるのならば、まずは関係親族間で相談してください。

Q

葬儀社から正式な見積りをしてもらわずに想定外の料金を請求されたのですが、どのように対応したらよいでしょうか？

A

葬儀では想定していなかった費用がかかったというトラブルが散見しています。例えば、祭壇設置料が当初提示されていた金額にさらに上乗せされて請求されたり、望んでいないにもかかわらず遺体を風呂で洗ったと称して別途料金が発生したり、など例を挙げればキリがありません。

事前にこのくらいの予算でお願いしますと伝えていたのであれば、しっかりと主張するべきですが、このようなことにならないように事前に予算は伝えておきましょう。

Q

被相続人が死亡した後、葬儀に必要だったために銀行に死亡したことを告げず、被相続人名義の口座からお金を下ろしました。このような場合に罰則はあるのでしょうか？

A

このような場合、預金を下ろしたのが相続人なのであれば、預金は相続財産になるので特に罰則はないでしょう。

被相続人の財産から出したいと考えるのはわかりますが、黙って行うと相続人同士でのトラブルになる可能性はありますので、他の相続人には事前に伝えるようにしましょう。

第6章　誰がどれだけ相続できるのか？

——法定相続

相続には法律で定められた決まりがあります。これを理解することなく相続に臨めば思わぬトラブルになることもあります。故人が残してくれた大切な財産を、きちんと引き継ぐために必要なルールを知っておきましょう。

36 誰がどれだけ相続できるの？

遺産を承継することができる者とは、基本的には遺言書で指定された人か、遺言書がなく、遺産分割協議で相続人全員の同意を得た結論がでなかった場合は民法によって決められた法定相続人となります。そして、この法定相続人の中には優先順位があることは前章までに述べてきたとおりです。本章ではこの相続人についてと、相続の方法について詳しく説明します。

それではまず、相続順位についておさらいしてみましょう。配偶者（夫または妻）は、常に相続人となります。他の親族の優先順位は次のとおりです。

優先順位1位…**子**（あるいはその代襲相続人である孫）

優先順位2位…**直系尊属**（父母や祖父母で、被相続人から見て親等の近い者が優先。養親を含む）

優先順位3位…**兄弟姉妹**（あるいはその代襲相続人である甥や姪）

被相続人に配偶者と子があれば、配偶者と子で2分の1ずつ相続し、子が複数の場合は、2分の1に分けられた遺産を人数分で割ります。配偶者がなく子だけの場合は子が全額を相続します。配偶者のみで子がいない場合は、配偶者と優先順位2位の直系尊属が相続。子も直系尊属もいない場合は、配偶者と兄弟姉妹が相続することになります。

相続順位と法定相続分

順位	法定相続人と法定相続分	
第1順位	子供（直系卑属）  1/2	配偶者  1/2
第2順位	親（直系尊属）  1/3	配偶者  2/3
第3順位	兄弟姉妹  1/4	配偶者  3/4

37 相続における配偶者の定義とは?

配偶者は子と並んで相続の優先順位が高くかつ、ほかの相続人がいない場合は単独で相続することができます。ただし、配偶者として認められるには条件があります。

その条件とは、**被相続人との間で結ばれた婚姻届を市区町村役場に提出し、それが受理されていることです。**

したがって、結婚式を挙げ、長年、生活をともにしていても婚姻届を出していない場合は**内縁関係**とされ、法律上の配偶者として相続を認められません。つまり、実際の生活をともにしていた内縁の妻であっても婚姻届を提出していない限り、配偶者ではないので遺産を相続する権利はないことになります。

また、離婚後の元配偶者も配偶者として遺産を相続することはできません。たとえ、離婚前の夫婦生活が20年で、再婚後の配偶者との関係が5年でも関係ありません。なお、離婚するために家庭裁判所で調停をしていたり、離婚訴訟を争っていたりする間に配偶者が亡くなった場合は、**離婚届が受理されていない**ことを前提に、その配偶者に相続権が発生します。

なお、離婚した配偶者との間に子がいれば、たとえ離婚した後でも子には被相続人との間に血縁関係があります。そのため、**離婚した配偶者の子には相続権があります。**

配偶者か否か

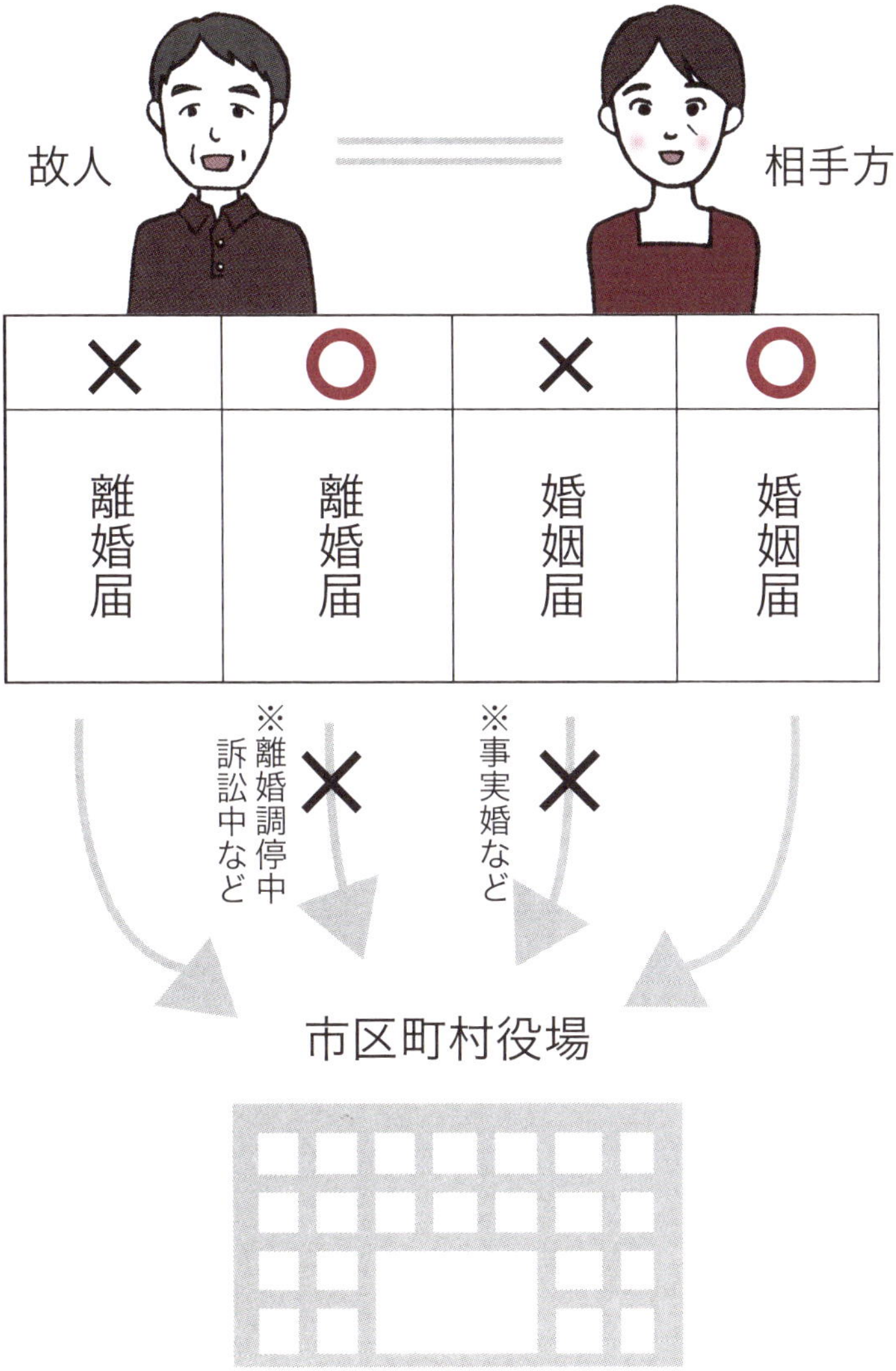

38 相続における子の定義とは?

被相続人の子は実子か養子かを問わずに常に相続ができます。また、婚姻届を出していない配偶者に相続権がない一方で、それらの男女間に生まれた非嫡出子は相続権を有します。ただし、**実子、養子と比較して非嫡出子は相続できる割合が少なくなります。**

相続できる遺産の割合は、被相続人に配偶者がいれば、配偶者と子で半分ずつ分け合います。子が複数いる場合は、原則として配偶者と半分にした遺産を兄弟で均等に分け合います。配偶者がいない場合、被相続人の遺産はすべて子に相続されます。

被相続人の子がすでに亡くなっている場合は、その子が代襲相続する権利を有することになります。

養子縁組の届出をされた養子は血のつながりのない**法定血族**とされ、養親、実親のどちらからも相続できることになります。ただ、**特別養子制度**で養子となった場合は実親との親子関係が戸籍上で終了するため、実親からの相続は得られません。

また、被相続人が亡くなるときに胎児だった子も死産とならなければ相続権を有します。

非嫡出子の相続で重要となってくるのが、その子が**認知されていたか**どうかということになります。**認知は父にあたる人がいつでも自発的に行えますし、遺言でも行えます。**ただし、子が胎児の場合は母親の承諾、子が成年に達している場合は本人の承諾が必要となります。なお、父が認知しない場合は認知を認めさせるために訴訟を起こすことができます。これを強制認知と言います。**強制認知**は父の死後でも3年以内であれば訴えを起こすことができます。

子の定義

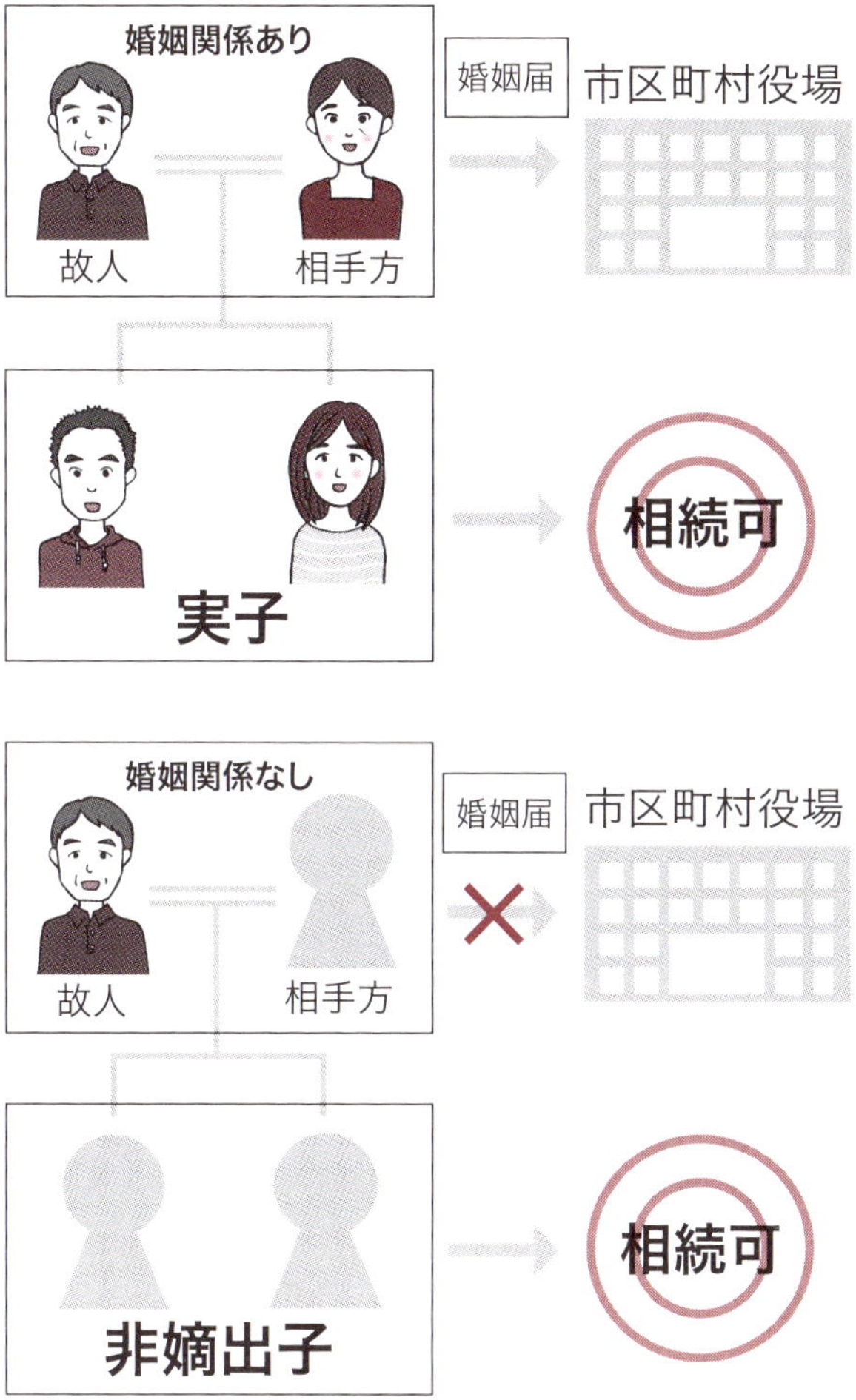

39 配偶者、子がいない場合には？

被相続人に配偶者も子もいない場合には、優先順位2位の直系尊属が遺産を相続することになります。配偶者がいる場合は、配偶者が遺産の3分の2、直系尊属が3分の1となります。

遺産相続の際の直系尊属とは、被相続人の父母、祖父祖母にあたる人で、相続の権利は被相続人に近くて、生存している人に与えられます。つまり、被相続人の母は生存しているが、父がすでに亡くなっており、祖父、祖母が生存している場合は、母のみが直系尊属として遺産を相続できます。

また、配偶者と子に加えて直系尊属も亡くなっている場合、あるいは子、直系尊属が亡くなっており配偶者と兄弟姉妹がいる場合に、優先順位3位の兄弟姉妹が相続権を有します。

兄弟姉妹は配偶者が亡くなっている場合は全額を各自で均等に分けますが、配偶者と兄弟姉妹となった場合は、遺産の4分の3を配偶者が、残りの4分の1を兄弟姉妹が分け合います（ただし、父母の一方のみを同じくする兄弟姉妹の相続分は、父母の双方を同じくする兄弟姉妹の2分の1となります）。

なお、兄弟姉妹の中に相続権を失っている者がいる場合、もしくは兄弟姉妹が亡くなってい

代襲相続の例

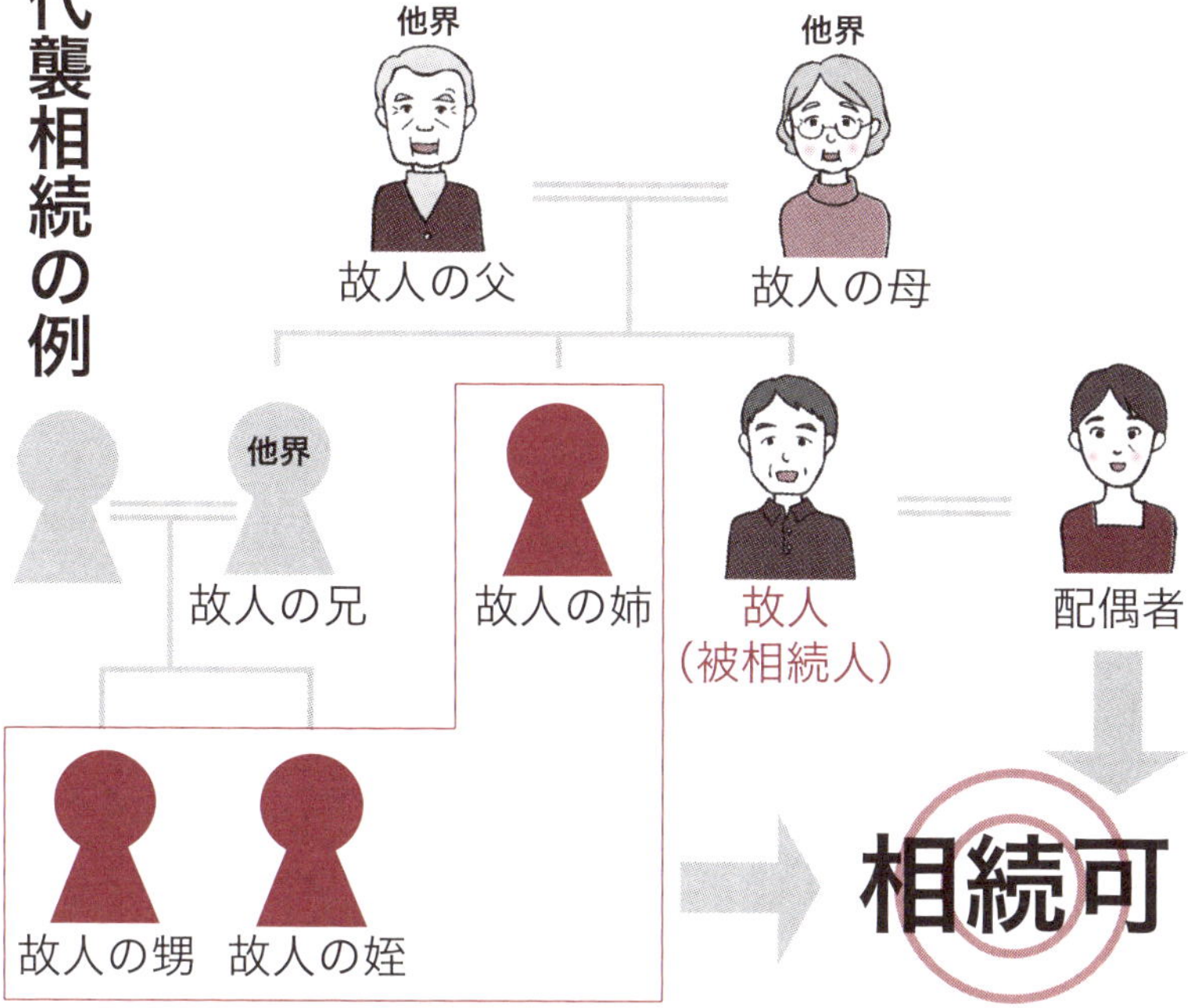

る場合には、その子であり被相続人からみて甥や姪にあたる人が代襲相続人として相続権を与えられます。代襲相続人となった甥や姪の遺産の取り分は、親にあたる兄弟姉妹と同じ割合となります。

さて、ここに出てきた代襲相続ですが、これは子が死んでいた場合は孫、孫が死んでいた場合は曾孫といった形で下の世代（**直系卑属**）がいるかぎりは、次々に認められます。ただし、ここで注意したいのが兄弟姉妹のケースです。被相続人の兄弟姉妹に相続権が発生し、その兄弟姉妹にあたる人がすでに亡くなっている場合は、甥や姪にその権利が承継されると申し上げましたが、**甥や姪の子には代襲相続されません。**

40 マイナス財産も相続しなくてはならないの？

相続とは必ずしもプラスとなる財産だけではありません。被相続人が生前に残した借金やローンが含まれているときがあります。これらの消極財産は、被相続人に属した権利とともに相続人に相続されると定義されています。

財産整理、計算をしたときにマイナスが上回った場合、法定相続人は相続を放棄して、相続人の地位から離脱することができます。方法としては大きく分けて2つあります。

1つが、プラスの財産もマイナスの財産もすべて相続しない**相続放棄**です。もう1つが、相続人が得たプラスの財産の範囲内で被相続人の債務を弁済し、相続を行う**限定承認**です。相続放棄と限定承認については後にも詳しく説明していきます。なお、プラスの財産もマイナスの財産もそのまま受け継ぐことを**単純承認**と言います。

ここで要注意なのは、相続放棄や限定承認の意思表示は、自分が相続人であることを知ってから3か月以内に家庭裁判所に申し立てればよいのですが、**相続財産の一部あるいは全部が処分されていると相続放棄や限定承認ができないことです**。また、限定承認や相続放棄をした後であっても、相続財産を隠したり、私に（ひそかに）消費したり、故意にこれを財産目録に記載しなかったときには、相続は単純承認をしたものとして扱われてしまうおそれがあります。

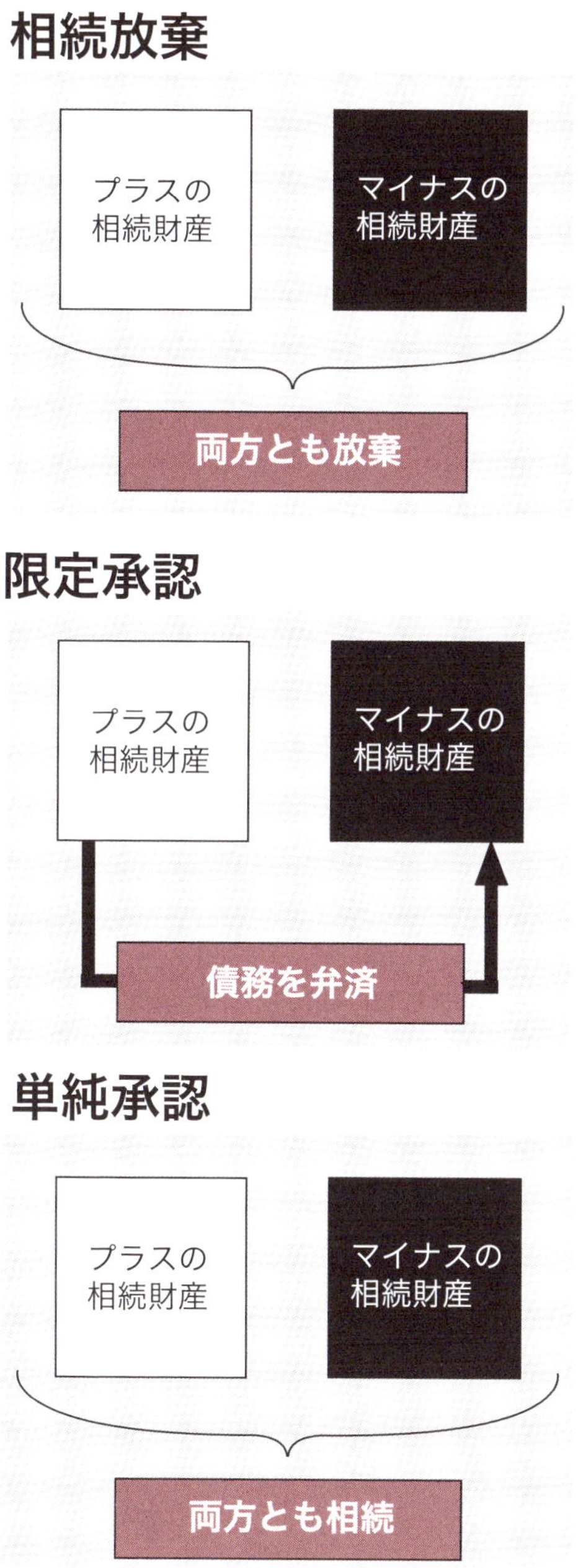

41 相続放棄と限定承認

相続放棄するときは、相続の開始を知ってから3か月以内に家庭裁判所へ相続放棄の申述をしなければなりません。このとき家庭裁判所では、相続の放棄が本人によるものなのかを確認し、問題がなければ受理されます。受理されると家庭裁判所から**相続放棄申述の受理証明書**が交付されます。

相続放棄で気をつけなければならないのは、**放棄された相続権は引き継がれる**ということです。ある相続人が相続放棄した相続権は、次の法定相続人に移行します。つまり、債務が多い場合などに相続放棄する場合には、その後に相続権を引き継ぐ全員が相続放棄をしなければ誰かがその債務を相続することになります。

なお、**相続放棄した場合でも受け取れるものとして生命保険があります**。これは生命保険金が受取人に直接支払われるものだからです。ですから、被相続人の生命保険の受取人が「相続人」とされていても同じく受け取れます。同様の理屈で、**遺族年金**、**弔慰金**、**支援金**、**義援金などは、相続放棄した人でも受け取ることができる**ものとして挙げられます。

限定承認は、**相続財産がプラスなのかマイナスなのか判断がつかないときに行われます**。プ

相続放棄と限定承認の手続き

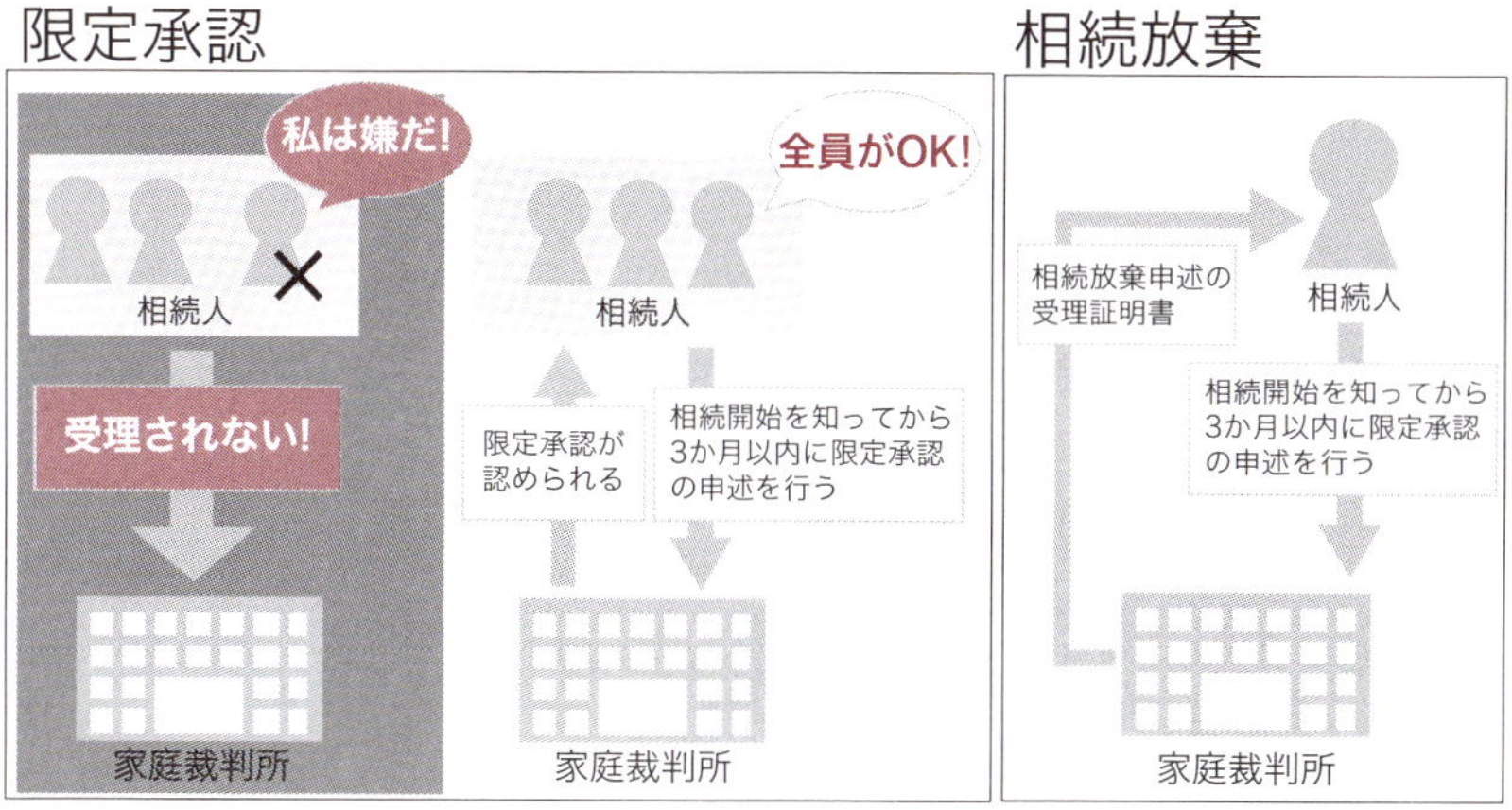
限定承認
私は嫌だ!
相続人
受理されない!
家庭裁判所
全員がOK!
相続人
限定承認が
認められる
相続開始を知ってから
3か月以内に限定承認
の申述を行う
家庭裁判所
相続放棄
相続放棄申述の
受理証明書
相続人
相続開始を知ってから
3か月以内に限定承認
の申述を行う
家庭裁判所

ラスならば債務を払った上で残りを相続できます。マイナスの場合は債務を相続する必要がありません。こちらも家庭裁判所への申述は3か月以内となります。

限定承認が相続放棄と異なる点は、相続人が複数いる場合に、相続人全員が行わなければならないため、誰か1人でも限定承認に応じない相続人がいると受理されません。また、手続きも雑多で面倒なために、限定承認を考えている場合には法律に詳しい弁護士、司法書士などに相談するようにしましょう。

42 相続人になれない場合とは？

推定相続人あるいは法定相続人であれば必ず財産を相続できるのでしょうか。例えば、被相続人や優先順位の高い相続人を殺害したり、遺言書の偽造、詐欺や強迫により被相続人に遺言の取り消し、撤回、変更などをさせたりした者は**相続欠格者**として相続権を失います。

相続欠格者は、家庭裁判所などの判決によって決まるものではなく、先に挙げたような欠格事由があれば何の手続もなく資格を失います。しかし、**相続欠格者の子が代襲相続することは認められています。**

また、一定の事由があれば遺留分のある相続人の相続権をはく奪する**相続廃除**《はいじょ》という制度があります。廃除事由の例としては、被相続人を虐待したとき、被相続人に重大な侮辱を加えたとき、推定相続人に著しい非行があったとき、がこれにあたります。

これらに該当しているとおぼしき場合は、被相続人は家庭裁判所へその人の相続資格を奪うよう請求できます。また、家庭裁判所への請求以外にも、遺言によって廃除することも可能です。遺言による廃除の場合は、遺言に効力が生じた後、遺言執行者が家庭裁判所へ申し立てする必要があります。

1）法定相続人に該当しない

内縁の夫または妻、愛人（但し、特別縁故者となる可能性はある）
愛人の子供（但し、認知された場合は相続人となる）
配偶者の連れ子（但し、養子縁組をすると相続人となる）

2）法定相続人だが、相続できない

相続欠格（例）

殺害・殺害未遂で刑に処せられる
・遺産目当てに、被相続人を殺害したり、殺害しようとした人。
・自分が有利になるように、上位や同順位の相続人を殺害したり、殺害しようとした人。
※過失致死罪や傷害致死罪は含まれません。

殺害されたことを知りながら黙っている
・被相続人が殺害されたことを知っているのに、告訴・告発しなかった人。

遺言の妨害
・被相続人が遺言をしたり、遺言書の変更や取り消しをするのを妨害した人。

詐欺・脅迫による遺言書の作成・変更・取り消し
・被相続人をだましたり脅したりして、遺言書を作らせた人。
・被相続人をだましたり脅したりして、遺言書の内容を変更させた人。
・被相続人をだましたり脅したりして、遺言書を取り消させた人。

遺言書の破棄・変造など
・遺言書を偽造・変造した人。
・遺言書を破棄した人。
・遺言書を隠した人。

相続人の廃除（例）

虐待
・被相続人に暴力をふるった人。
・病人の被相続人を介護しないで放置した人。
・年老いた被相続人に食べ物を与えない人。

重大な侮辱
・被相続人に侮辱を加えた人。

著しい非行
・定職につかず浪費ばかりしている人など。

家庭裁判所への請求も遺言による方法もどちらも効力は同じですが、例えば、相続廃除の対象となる相続人が、廃除の申し立てを知ると、被相続人に暴力や圧力をかけるようなケースが想定される場合は、遺言による廃除を選択するのが効果的だと思われます。

なお、この廃除の場合も相続廃除された子は代襲相続の権利が認められます。また、廃除された相続人などは、家庭裁判所へ廃除の取り消しを申し立てることが可能です。

法定相続Q&A

Q 実の息子のように暮らしていた、従《じゅう》甥《せい》（従兄弟の子供）がいます。正式な養子縁組はしていないのですが、相続人になれるのでしょうか？

A 養子縁組の届出がない場合は、被相続人の子として相続することはできませんが、被相続人に相続人がいない場合のみ特別縁故者として相続できるケースもあります。

また、相続人が不明の場合にも、内縁の妻や養子縁組届が提出されていない養子を特別縁故者として認め、遺産の一部ないし全部を与えるケースもあります。特別縁故者への財産分与制度を利用するには家庭裁判所に認めてもらう必要があります。

Q 配偶者も子供も、直系尊属も兄弟姉妹もいないのですが、この場合には財産は国庫に納められるのですか？

A 相続人がいない財産は国のものとなります。これらの財産は相続財産法人という法人のものとされ、受遺者や債権者などの利害関係者、または検察官の請求に基づいて家庭裁判所に選任される相続財産管理人が管理することになります。

相続財産管理人は、被相続人の借金を相続

財産の中から返済したり、遺贈があったら履行するなど相続財産の清算を進めます。さらに相続人を探す手続きも行いますが、清算後も相続人が不明の場合で、かつ特別縁故者も存在しない場合には、国庫に帰属するという流れになります。

Q 被相続人の借金が多かったのですが、相続人が相続放棄の手続きを行えば、被相続人が過去に残した債務から、残された遺族は解放されるということでしょうか？

A 手続きをした相続人に関してはその認識で間違っていないと思いますが、相続放棄をすると相続権は次の権利を持つ人に移行しますので、その新たな相続人も相続放棄の手続きを行わなければなりません。相続放棄の期間は、新たな相続人が相続開始を知ったときから3か月ということになります。

Q 被相続人に借金が多く、相続財産の全体がプラスなのかマイナスなのか把握できていません。未成年の相続人である息子だけ相続放棄させたいのですが、このような場合には代理人には誰がなればいいのでしょうか。

A 相続放棄をする相続人が未成年の場合は、法定代理人が代理となり申述します。未成年者の法定代理人にはその親がなることが多いですが、利益相反行為となる場合には特別代理人を選任しなければならなりません。
具体的なケースとしては、未成年の子が相続放棄しているがその親が相続する場合、未成年の子のみ相続放棄する場合、複数の未成年の子が相続放棄する場合などですので、今回のようなときには特別代理人の選任を家庭裁判所に申し立ててください。

Q 特定の相続人に全財産を残したいと考えていますが、遺留分の制度があるために遺言で残してもそれができません。方法はないのでしょうか？

A 遺留分の放棄という制度がありす。この場合でしたら、全財産を相続させたい相続人以外の相続人に、遺留分をあらかじめ放棄してもらえるならば、あとは遺言で特定の人のみに財産を相続させることを書いておけば可能です。
ただ、遺留分の放棄は、相続人の自由意思で行われていると判断されない限り、家裁で許可の審判は下されません。

第7章　相続する財産と分け方
――相続財産と遺産分割

相続は「どんな」ものが「どこ」に「どれだけ」あるのかを把握しなければ始められません。そして、その遺産にはさまざまな種類があり、それにより相続の方法や分け方が異なります。ここでは、その方法を見ていきます。

43 積極財産と消極財産を整理しよう

ここまでは、相続が始まるまでに至る流れと、そのルールについて見てきました。本章では、相続される遺産について知っておくべき基本的なことと、遺産分割のルールを相続財産の種類ごとに見ていきたいと思います。

まず、相続を始めるためには、この**相続財産がどこにどれだけあるのか把握しないことには始められません**。被相続人が生前に作成した財産目録などがある場合でも、本当にその目録どおりとは限りません。例えば、目録に書かれていた不動産が担保になっている場合などよくある話です。

逆に、被相続人が誰かに貸したまま返ってきていない財産もあるかもしれません。また、**連帯保証人**などの**保証債務も相続の対象**になりますが、意外と見落としがちです。目録が残されていない場合はもちろんですが、残されている場合でもやはり確認作業は必要になるでしょう。

相続人が1人の場合は別ですが、複数いる場合は遺産分割を決めるためには、相続財産がどれだけあるのかを把握し、その情報を共有しなければなりません。そのためにも、財産目録の

財産目録の書き方例

遺産目録（土地）

番号	住所	地目	面積	備考
1	東京都○○区 ○○町１丁目 ○番○	宅地	80坪 約264.5㎡	○○銀行の抵当権（建物と共同抵当）あり残額約2,000万円

遺産目録（建物）

番号	住所	種類構造	面積	備考
1	東京都○○区 ○○町１丁目 ○番○	居宅 木造 瓦葺 2階建	80坪 約264.5㎡	土地1上の建物 土地1と共同抵当

遺産目録（現金・預貯金・株券・債務など）

番号	品目	数量・金額	備考
1	○○銀行定期預金 （番号0000-000000）	320万円	
2	○○銀行定期預金 （番号0000-000000）	90,000円	
3	○○株式会社株式	10,000株 (80円)	評価額 800,000円
4	現金	21,000円	
5	負債 債権者 ○○銀行○○支店	借入金 4,000万円 利息2.0% 損害金3.0%	残額 約2,000万円 土地建物に抵当
6	負債 債権者 ○○運輸株式会社	未払金 325,000円	

作成は必ず行うようにしましょう。

被相続人の方の通帳が、亡くなる直前まで記帳されていれば残高を確認する際に参考になりますが、もし通帳などで明確に確認ができなければ、銀行や証券会社などの各金融機関に相続開始時における残高証明を請求する流れになります。こうした手続きは、必要な書類と戸籍謄本を集めたうえで行う必要があるので、行政書士の先生に依頼するのも１つの手立てであると思います。

このほか債務の場合も同様です。借金などの返済義務が、どこにどれだけあるかということを明記しましょう。相続人からの債務もここに含まれます。被相続人の入院費や交通費、治療費などを立て替えていた場合は、ここに入ります。

44 生前贈与と形見分け

ここでは、生前贈与について見ていきます。生前贈与については生前対策の項でも触れましたが、**相続人にとって不利な生前贈与が行われている場合もあるでしょう。**

例えば、実際に残された相続財産を調べてみたら、被相続人の遺産は第三者にすべて生前贈与されていた。そんなこともあるかもしれません。

ただし、この贈与が相続開始前の1年以内（契約当事者双方が遺留分権利者に損害を加えることを知って贈与したときは、1年以上前の贈与も含む）であった場合は、その財産は遺産の対象になります。そのため、相続人は遺留分を減殺請求することができます。この場合の遺留分は、生前贈与された遺産を含んで計算されます。

これは、相続人に贈与されていた場合でも同様です。ただ、相続人への贈与は相続における**特別受益**とみなされるため、1年以上前の贈与も原則として加算されます。特別受益とは、特定の相続人が、生前の被相続人から特別の援助を受けた場合のことを言います。これを相続分として計算しないと、ほかの相続人との間に不公平が生じてしまいます。つまり、特別受益は贈与ではなく相続の前借りとみなされるということです。これは、**遺贈の場合でも同様**です。

相続分のほかに余分に与えたい場合には、その旨が遺言に明記されていなければなりません。

生前贈与のように相続に含まれるわかりにくいものとして、**形見分け**というものがあります。ポイントは形見分けの品が、遺産に含まれるか否かにあります。

一般的に形見分けは儀礼的に行われるもので、故人の身に付けていた衣服やアクセサリー、趣味のコレクションなどが対象になり、縁故のあった人がそれを受け取ることになります。ただ、高価な物や届出が必要な物などは相続の対象になると考えるほうが自然です。

形見分けの品は相続人全員の共有の相続財産です。遺産分割で協議されることがないために、形見の品は誰のものでもないような気がしてしまいますが、法律上はそれも相続人に相続されるものです。ですので、勝手に形見分けをするとトラブルになることがあります。相続人全員の同意が得られる場合を除いて、形見分けは待ったほうがいいでしょう。

45 相続財産の調査

相続財産はその存在がわかっていて、初めて相続の対象になります。そのため、**故人が残した財産目録や固定資産課税台帳、預貯金の通帳などを手掛かりに、しっかりと調べることが必要になります。**

ただ、財産目録や預貯金の通帳は、特定の相続人が隠匿《いんとく》する場合などがよくあります。例えば、自分が面倒を見てきたのだから、それを知るのは自分だけで充分だと考える相続人がいる場合などです。

しかしながら、預貯金であっても不動産であっても相続財産の名義変更は相続人全員の実印と印鑑証明を揃えた協議書を添付しなくては進めることはできませんから、相続人全員で財産の確認を行うことが必要不可欠となってきます。

ですから、相続財産の調査が進んでおらず、相続財産の全体像が把握できていない段階で、相続人の1人から実印や印鑑証明を要求された場合は、非常に危険です。それに応じてしまう前に、しっかりと内容を確認するようにしましょう。

相続開始時（被相続人の亡くなった日）における、預貯金や金融資産の残高証明書を集め、不動産の評価額を確認し、その他の財産も確認して財産目録を作成するためには、通常の家庭でも1~2か月はかかってしまいます。また相続税が発生するかどうか、きちんと確認する必要がある方の場合では、最低でも2~3か月は平均的にかかってしまいますので、財産調査は簡単なものではありませんが、いい加減にはできません。

相続税の申告が必要な方であれば、財産を隠匿していると追徴課税がかかってしまうほか、悪質な場合には30%を超える重加算税がかけられてしまいかねません。また、遺言書もないのに、相続人の1人が特定の相続財産をもらうと言って、財産調査や協議に応じない場合なども非常に問題です。ちょっとしたコミュニケーションのこじれが親族間のトラブルになり、最終的には家庭裁判所のお世話になってしまうと、親族が完全にバラバラとなるほか、お墓の管理など、さまざまなトラブルに飛び火していってしまいます。

このほか、私は「いらない」と主張して相続財産調査に協力しない方も、他の相続人に迷惑をかけてしまいかねません。相続人それぞれに事情があるにしても、しっかりと相続財産調査に協力し、財産総額を確認したうえできちんと協議分割と向かい合うようにしましょう。

46 さまざまな相続財産の評価と詳しい調査方法

相続財産と一言に言っても、現金、土地、建物、車、株券、借金などさまざまな物があります。はじめにその性質を見ていきましょう。

まず、考えなければならないのは2点。それが**分けられるものなのか、そうでないかと、積極財産なのか消極財産なのか**です。

例えば、建物は、通常分けられない積極財産です。では、土地はどうでしょうか。土地は分けられる積極財産です。ですが、土地を分けてしまうと権利関係がややこしくなるのを嫌がる人もいます。本来、遺産分割協議は法定相続分からは少しはずれても、合理的な相続をしようと相続人たちが行うものです。**分けられる遺産だからといって、無理に分ける必要はありません。**

消極財産である債務に関しては、原則として法定相続分の割合に応じて相続します。つまり、基本的に債務は分けられる遺産になります。積極財産と分けて考える必要があるのは、債務は権利者が第三者になるからです。その権利者を無視して好き勝手に決めることができないからです。

相続財産
分割の可、不可

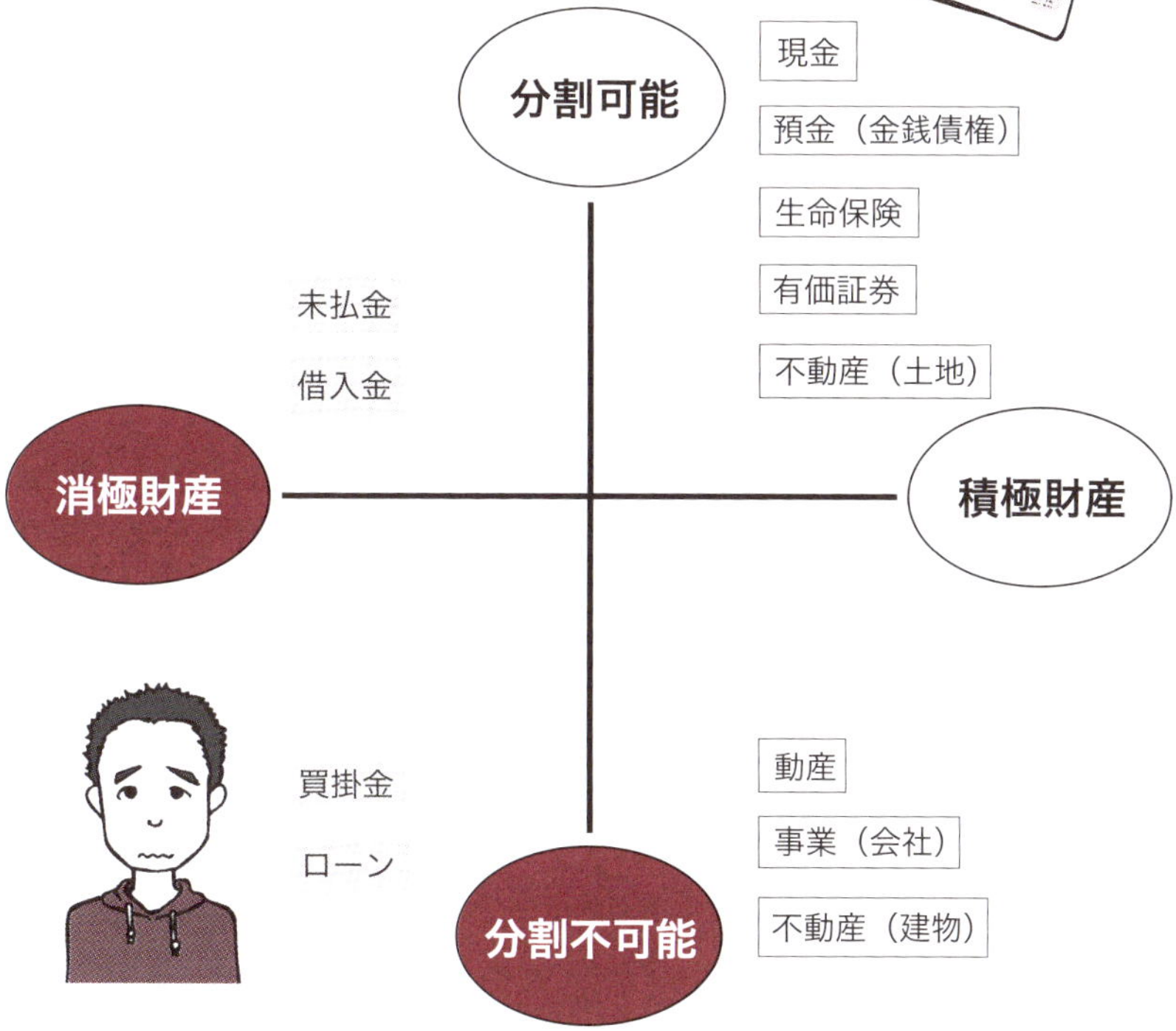
分割可能
現金
預金（金銭債権）
生命保険
有価証券
不動産（土地）
未払金
借入金
消極財産
積極財産
買掛金
ローン
分割不可能
動産
事業（会社）
不動産（建物）

■預金（金銭債権）の場合

まずは債権から見ていきます。

預金などの金銭債権は、被相続人が亡くなった日付の金額で換算します。利息などもこの日付が基準となって計算されることになります。

相続配分が決まっているならば、その**配分どおりに分けることができますが**、金銭債権は数字で換算できるために、**ほかの種類の遺産とあわせて配分が考慮される場合が多い**でしょう。

金融機関から引き出すためには、次のいずれかの手続きが必要です。

相続人の間で争いがなく、遺産分割協議が速やかに行われた場合には**金融機関に備え付けの同意書、もしくは遺産分割協議書に、遺産分割協議に参加する全員の実印の押印、印鑑証明書を添付して提出します。**

相続人の間に争いが生じた場合には、まずは、家庭裁判所での審判もしくは調停を経なければなりません。この家庭裁判所での遺産分割が整った場合、**家庭裁判所の審判書謄本、もしくは調停調書の提出を行う**ことで（金融機関によっては所定の書式に相続人全員の実印による押印と印鑑証明の提出を求めることがあるので要注意）ようやく遺産を引き出すことができます。

遺産は金銭評価が可能なものならば、数字で評価することができますが、金銭債権の場合は額面通りの評価がほとんどです。

■不動産の場合

不動産とは土地と建物のことを指します。不動産に特有なのは、登記制度があるということです。**不動産登記制度**は、重要な財産である不動産の状況と権利関係を、登記簿をもって正確に公に示すことで、不動産取引の安全を図ることを目的としています。登記簿に必要事項を載せることを**登記**と言います。

相続に関連する場合、**登記は取引の安全を図ることが目的**なので、取引をしない場合には相続人が決まるまで登記しなくても問題ないように思われます。ただ、その不動産に第三者が侵害を加えてきた場合、登記簿上は故人の財産なので不都合が生じてしまいます。分割前の財産ですので、**相続人共有の財産ですが、それでも登記するのは財産を保護するため**でもあります。

不動産は遺産の中でも割合が大きくなる場合が多いため、しっかり評価したいところです。不動産の評価の方法はさまざまありますので、争いの原因にしないためにも、相続人全員が納得できるような取り決めをしましょう。

■生命保険金の場合

預金が金融機関に対しての債権であるように、生命保険は保険会社に対しての債権です。生命保険金が相続に関係するケースは大きく分けて2とおりあります。

まず1つは、生命保険の受取人が被相続人だった場合です。この場合、**保険金を受け取る権利は被相続人の財産なので、相続に含まれる**ことになります。したがって、保険金を受け取るためには、あらかじめ遺産分割協議において保険金を取得する相続人を決めておくか、または相続人全員が保険会社に対して保険金の支払請求をする必要があります（保険会社所定の書式に署名押印を求められることも多いようです）。

もう1つは、被相続人に生命保険がかけられていて受取人が相続人の場合です。生命保険金を受け取る権利は、**通常、保険契約によって発生するものですので、受取人の固有財産とされています。**

ですから、この受取人が特定の相続人だった場合、それは受取人の権利であるので相続に関係なく受領できます。もちろん、**遺産分割の対象にもなりません。**

ただし、受取人の欄に、単に「相続人」と書かれていた場合は、相続人の間で分割することになります。この分割の割合は、法定相続分に基づくという解釈と、平等に分配されるという解釈がありますが、通常は保険会社の約款に定められた方法に従うことになります。ちなみに、比較的多くの保険会社では、約款で平等に分配されるように定められています。

■有価証券の場合

有価証券とは、簡単に言うと権利の証しとなるものです。**国債や株式、小切手、手形、公社**

債、ゴルフ会員権、商品券などもこれにあたります。例えば、国債であれば国に対しての債権、株式であれば株式会社に対しての債権ということになります。

以前は、株式は株券を持っていなければ相続財産として認められない場合もありましたが、現在では新会社法施行によって株券が電子化され、上場会社の株式の場合には株券を所有するということがありません。ですから、財産目録などを被相続人が残していない場合、株式の存在に相続人が気づかないこともあります。株式の配当金などが故人名義で送られてきて、初めてその存在が判明するといった場合もあります。

有価証券の評価は、相続税の計算上、財産評価基本通達によってその評価方法が定められます。

■動産の場合

動産は債権と不動産以外のものを言います。テレビやパソコン、時計、指輪、自動車など身のまわりにあるもの、ほぼすべてが動産と言っていいでしょう。ですので、**自動車や貴金属など高価なもの**を除いて、形見分けなどで処理されることが多く、処分されるものも少なくありません。注意事項としては、形見分けの項を参照してください。

しかし、中には価値が高く、遺産分割協議でしっかりと扱うべきものもあります。具体的な判断基準としては、まず、**役所などに所有していることを申告しているもの**が挙げられます。

自動車や船舶、日本刀、猟銃、申請が必要な特別な薬品などがこれにあたります。その他には、貴金属やアンティーク、美術品、機材など、価値判断が素人には困難なものもこれに含まれると思います。貴金属などは、一般的な相場が判断しやすいものでありますが、アンティークや美術品などの価値評価は専門家でなければ難しいものでもあります。

動産は価値が低いものが多いために、管理も厳密に行われないことがあります。そのために、相続人の共有財産である動産を、特定の相続人が勝手に形見分けをするなどといったこともよくあります。動産は不動産と違って、無権利者から取引行為によって動産が譲渡された場合には、譲り受けた者が、譲り渡した者を無権利者でないと誤信し、かつそう信じることにつき無過失であった場合には、譲り受けた者はその動産の権利を取得することができます。この場合、後で返してもらうことは困難ですので、価値のありそうな動産などはしっかり管理しましょう。

■債務の場合

繰り返しになりますが、債務も相続の対象となり、それは基本的に相続人が相続する割合に応じて分けられます。

債務のケースには、被相続人が債務者である場合、保証人である場合、連帯保証人である場合の3つがあります。債務を相続する場合は何度も述べましたので、ここでは**保証債務の相続**について見ていきます。保証債務は、他人の債務に対して、保証責任を負うという債権者と結ぶ契約のことを言います。この**保証債務も遺産として扱われ、相続の対象になります。これは連帯保証人の場合も同様**です。

また、被相続人から相続人が借金をしているケースもよくある話です。この場合、借金をしていた相続人はまず相続する割合に則って、「自分が債務者である債権」を相続します。すると、債務者と債権者が同一人物になり、その債権と債務は消滅します。ただ、ほかの相続人が相続した債権は有効なので、それに関しての債務は消えることはありません。

債務を相続するリスクは、ある程度の計算で予測できるので、そこまで高いものではないと思うかもしれません。しかし、保証人と連帯保証人ではその限りではありませんし、相続して数年後に新たな債務が発覚する場合もあります。生前に被相続人が債務を重ねていたようであれば、新たな債務が出てこないか調べることはとても重要だと思います。

相続財産・遺産分割Q＆A

Q

長兄と次兄でどちらがお墓を引き継ぐのかもめてしまいました。長兄は「生前にお墓を任せると言われた」と言っているのですが、「遺言には書いてなかった」と次兄も譲りません。確かに、生前そんなことは言っていた気がするのですが……。

A

祭祀の承継についてですが、これは正式な遺言がなくても、口頭で伝えられたものでも構いません。指名がなかった場合は、相続人同士での協議によって決定されます。それでも決まらなかった場合は「慣例にしたがって祖先の祭祀を主宰すべきもの（民法８９７条）」が行うことになりますが、ここでも決まらなければ最終的に家庭裁判所が判断を下します。

まれに、被相続人の遺骨をめぐってトラブルになることがありますが、遺骨も遺産ではないので相続の対象にはなりません。遺骨などの所有者は、お墓などと同様に祭祀主宰者となります。

Q

母が「自分が死んだらあの指輪あげるわね」と言っているのですが、本当にその指輪は形見分けしてもらえるのでしょうか。それとも、しっかり遺言書に書いてないと駄目ですか？

A　指輪がとても価値のある品の場合、それは遺産分割の対象になりますが、そうでない場合は形見分けの対象になるのが一般的です。

といっても形見分けの品も本来は相続財産なので、遺産分割協議でしっかり取り決めをするほうがいいでしょう。遺産分割協議では、例えば、形見分けの品は誰かが一括管理することにするとか、相続者全員の合意がなければ形見分けはしてはいけないなどの取り決めをしておくと、後でトラブルになる心配もなくなります。

Q　被相続人が財産目録を作っていなかったので、財産を調査することになりましたが、どこまで調査すればいいのでしょうか。これで全部という判断はどうしたらいいでしょうか？

A　相続では、相続承認、放棄や相続税の手続きなど期間が定められていますので、いつまでも調査に時間を取られるわけにはいきません。ですので、相続人の間で合意が得られれば、その時点で目録作成となるのが一般的です。後に見つかった場合は、その都度、遺産分割を行うという取り決めをしておきましょう。

専門の知識を持った調査会社に依頼することももちろんできますが、調査費用は遺産から出すことはできませんし、調べても出てこないこともあります。依頼するかどうかは相続人の間でよく相談してから決めましょう。

Q 被相続人の死因が事故で、その事故を起こした相手から慰謝料を受け取ることになりました。この慰謝料は相続財産に含まれますか？

A 慰謝料請求権は、相続の対象となります。このように、それが遺産なのかわからない場合はいくつかあるかと思います。

例えば、被相続人によって所有権が訴訟で争われている不動産です。このようなものは、訴訟の結果がでるか調停などで解決しない限り、遺産かどうか判明しないことがあります。ですから、遺産分割の対象として協議することは事実上困難であり、容易には相続できません。

Q 被相続人が海外に不動産を所有していいます。その不動産を相続するときには相続税がかかりますか？

A 海外にある財産を相続する場合は、財産の所在ではなく、相続人の住所と国籍がポイントになります。相続人の住所が国内にあれば日本の相続税がかかりますし、相続人の住所が国内になくても、相続人が日本国籍を有していて、相続の発生する以前5年以内に相続人か被相続人のどちらかが日本に住所を有していれば、やはり相続税がかかります。

株式などの債権に関しても同様です。たとえ、海外企業の株式を相続する場合でも、相続人が日本在住か日本国籍を持っている限り、相続税は日本で支払うことになります。

Q

被相続人が借主になっているマンションに住んでいますが、被相続人が亡くなった場合にはそれを相続できるのでしょうか。また、更新料などを別途支払う必要はありますか？

A

賃借権は、被相続人と相続人、あるいは相続人の間では、賃借する権利を有する債権として扱われます。また、貸主に対して故人である被相続人が有していた債権なので、相続の対象になります。

この場合の相続は地位の承継であり、譲渡ではないために貸主に承諾をとる必要はありません。また、新たに更新料や承諾料などを支払う必要もありません。

なお、建物賃借権に類似する権利に、借地権があります。これも、賃借権と同様に相続でき、貸主から名義変更などによる名義書換料を請求されたとしても、相続人は支払う必要はありません。

相続人が複数いる場合、遺産分割が成立するまでの間は、複数の相続人が共同賃借人となります。このとき、賃貸人は各相続人に対して賃料全額の請求をすることができるとされています。

第8章

遺産分割協議書を作る

——遺産分割で気をつけたいこと

遺産の分割は、遺言や法定相続など法律で定められた相続のルールを踏まえて、相続人たちの間で粛々と行われなければなりません。ここでは、誰もが納得できる遺産分割が行えるように、必要な知識を学んでいきましょう。

47 相続財産を分割する方法

相続財産は、複数の相続人がいる場合、相続人が全員で共有している状態となります。例えば、同等の権利を持つ3人の相続人に対して、持ち家、土地、現金といった遺産がある場合、3人の相続人は持ち家、土地、現金のそれぞれの財産について3分の1ずつ所有権を持ちます。この所有権を**持分**と言います。

基本的には遺産分割が終了するまでは、各相続人は相続される予定の遺産であっても勝手に利用したり、処分したりすることはできません。

遺産分割については基本的に、被相続人が遺言を残していた場合はそれに添って、遺言がない場合は法定相続分に従った形で遺産を分割します。分割方法については第1章でも説明しましたが、遺言などで「持ち家を妻へ」「現金は次男に」と記載し、現物のまま分配する**現物分割**、遺産の一部または全部を現金に換えて分配する**換価分割**、特定の相続人に遺産をすべて取得させ、取得した相続人がほかの相続人に自己の財産を代わりに与える**代償分割**などがあります。

相続のタイミングについては、すべての相続人が同意していることを条件に遺産の**一部分割**も認められています。相続人が債務者から債務返済を求められており、確認できるものだけでも早急に相続を済ませておきたい場合などに有効でしょう。

また、**遺留分**も遺産分割をする上で重要な事項となります。遺留分とは被相続人の配偶者や子が最低限の遺産を受け継ぐ権利があり、その権利によって得られる一定の遺産のことを指します。

遺留分とは?

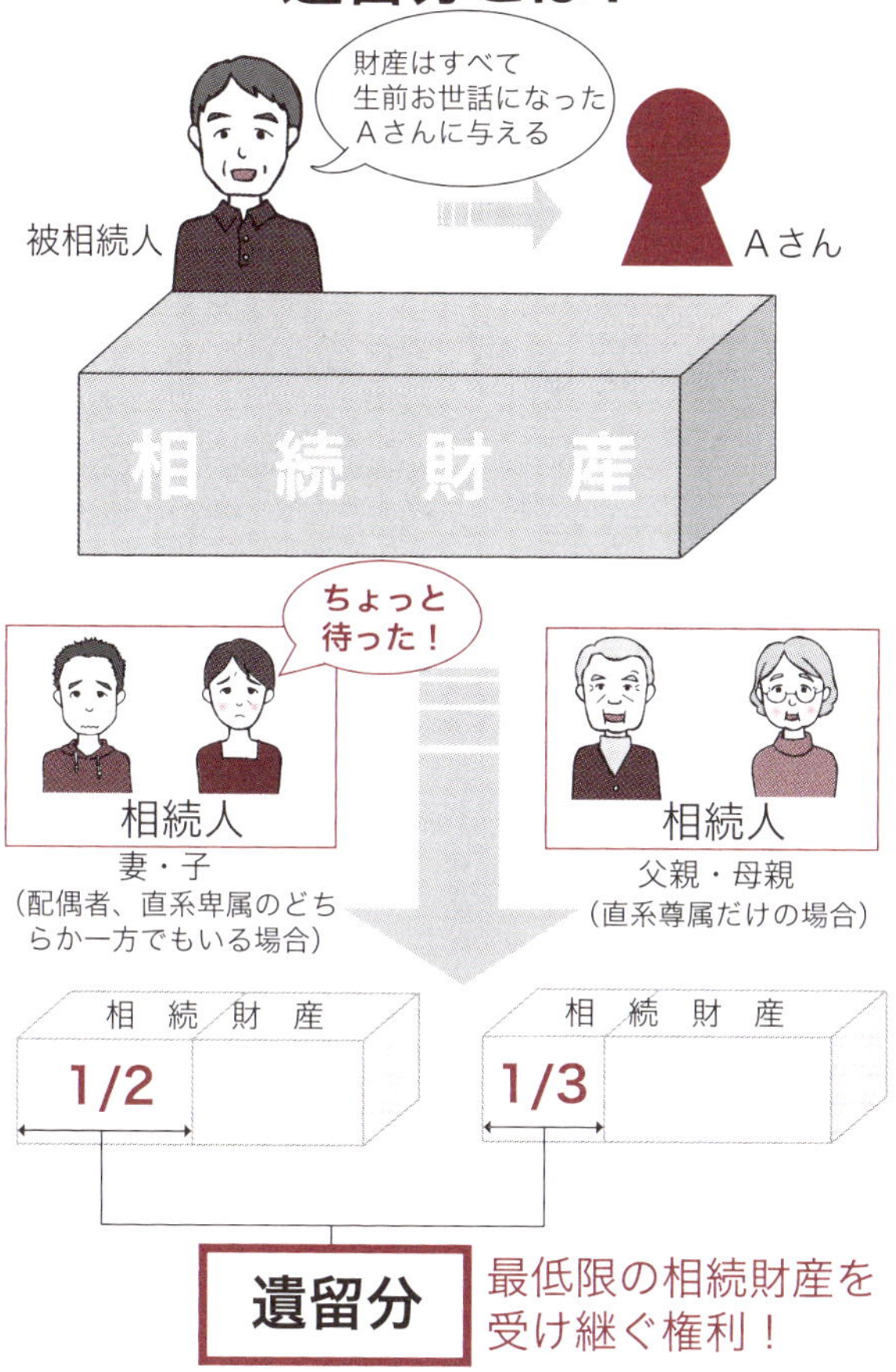

48 遺言どおりに相続財産を分割しなくてはならない？

遺言書がない場合、遺言書に具体的な相続の指示がない場合などは、原則的に共同相続人が集まり、誰が何を相続するかを具体的に決めるために**遺産分割協議**が必要となります。これは遺言書で遺言執行人の指定がなければ誰が協議を取り仕切っても問題はありません。

ここで重要な点は取り仕切る人間が誰かよりも、**相続人が全員参加することにあります。**1人でも相続人が参加していない遺産分割協議は無効となり、遺産分割協議のやり直しになりかねないからです。すべての相続人が同じ場所、同じ時間に同席する必要はありません。出席そのものが難しいのであれば相続人に文書を回覧させて参加の形をとっても問題はありません。

相続人がすべて明らかになると同時にいよいよ遺産分割協議となります。遺言があれば遺産分割協議は必要ないと考える人もいるかもしれませんが、実際は被相続人が確認できなかった財産、遺言でカバーしきれない財産があることは少なくありません。

また、遺言内容とはまったく異なる遺産分割も可能となります。この場合、**遺言の利益を受ける者の自由意思による全員の同意があること**が条件となります。これは相続人には相続した遺産を自由に処分できる権限が認められていることになります。

遺産分割協議後に遺言を発見した場合ですが、まず、遺言には時効がありません。ですから、たとえ遺産分割が終了していても、遺言が見つかればその遺言に記載された内容が優先されます。つまり、すでに行われた遺産分割は無効となります。ただし、**全員の相続人が合意すれば遺言の内容と異なる遺産分割でも問題ありません**。

これは、発見された遺言書の中に、相続人以外の第三者への遺贈が指定されている場合も同じです。すでに相続した遺産を処分してしまった場合は、分割される割合に応じた金銭の支払いなどで解決することになります。

遺言に時効はない！

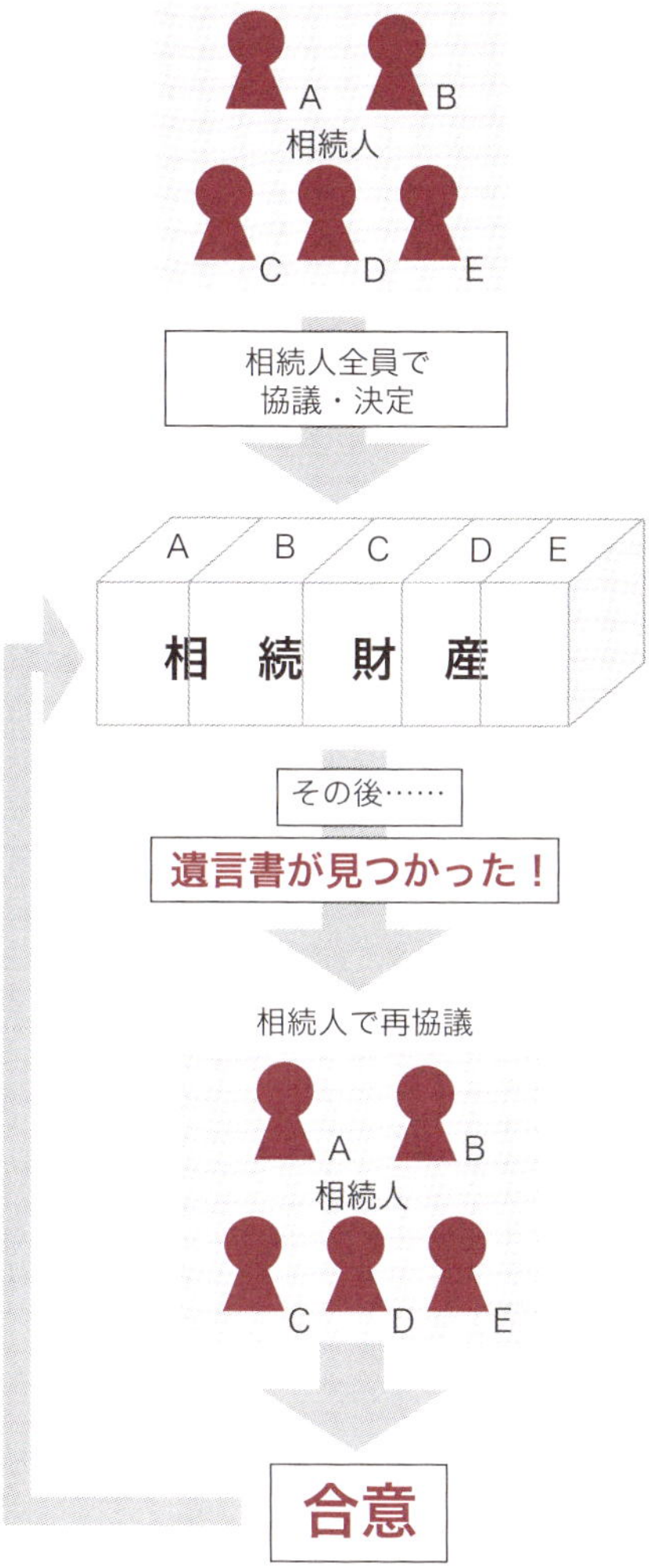

49 遺産分割協議の内容や結果は書面に残すべき？

遺産分割協議が無事に終了した後、その内容は書面に残すべきでしょうか。これは、必ずきちんとした書面を残すことをおすすめします。弁護士や行政書士に立ち会って作成していただくのも良いと思います。

相続で取得する財産は50万、100万ではありません。通常、200万円の車を買う際にも、何枚もの契約書を作成するにも関わらず、数千万もの財産の所有権が変わる内容を口約束でして良いはずがありません。遺産分割後に他の相続人から「遺産分割協議をしていない」「自分は同意していない」などトラブルを避けるためにも非常に重要になります。

また、相続税を納税する上での計算において、どの相続人がいくら相続したかの資料となるため、**相続税の申告の際に添付書類として利用**できます。なお、相続税の申告で添付する際は原本ではなく写しでも問題ありません。また、被相続人の預貯金の解約、株式の名義変更などで遺産分割協議書を求められることもあるようです。このような理由から**遺産分割協議書は必要に応じて数枚用意しておくべきでしょう。**

左の表に遺産分割協議書を作る際のポイントをまとめておきますので、こちらを参考に作成してください。わからないことがあれば専門の知識のある弁護士や司法書士、行政書士に相談してください。

遺産分割協議書を作るポイント

亡くなった人（被相続人）を特定するための記載事項	被相続人の氏名 最後の本籍 最後の住所 死亡年月日
相続財産に不動産がある場合の記載事項	所在 地番 地目 地積 家屋番号 種類 構造 床面積 ※登記簿謄本の記載内容をそのまま記載する。
相続財産に株式、公社債、預貯金がある場合の記載事項	銘柄・証券番号・株数 金融機関名（支店名） 口座の種類・口座番号・残高
相続財産に負債がある場合の記載事項	借入金の額 未払い金の額
各相続人が相続する財産の内容に関する記載事項	各相続人が相続する財産の内容を具体的に記載する。 遺産分割の方法は、現物分割・換価分割・代償分割・共有分割の４つがあります。
後日、発見された相続財産に関する記載事項	後日、相続財産が発見された場合に、もう一度、遺産分割協議を行うのか、それとも、誰が相続するか、今の時点で決めておくかなどを記載する。 通常、「その他の財産・債務が発見された場合は、「相続人○○○○が相続するものとする」等の文言を入れます。

遺産分割協議書は、上記事項等を確認し合意した上で作成し、相続人全員（財産をもらわない相続人も含みます）が、印鑑証明書を添付し署名・押印（実印）。

50 代理人が必要となる場合の遺産分割

未成年者や胎児にも相続権がありますが、未成年の相続人は遺産分割における正しい判断をすることが難しいと考えられているため、遺産分割協議に加われません。通常ならば未成年の親が後見人として代理人になりますが、相続の場合ではその親も相続人である場合が多いため、利益相反行為として代理人にはなれません。

利益相反行為とは、保護者や後見人が自分に有利になるような遺産の分割案をまとめるような行為を指します。 こうした場合、特別代理人を選任する必要があるので、親がいくら子に有利な遺産分割案をまとめたとしても認められません。

また、これは相続人の1人が認知症である場合にも同様のことが言えます。たとえ、子供が成年後見人になっていたとしても、遺産分割においては利益相反行為とみなされるために同様の手続きが必要となります。相続人の1人が認知症であるというケースは10件に1件はあるようなケースですから、かかりつけの医師に確認するなど注意が必要になります。

遺産分割協議に相続人が参加できない場合にも代理を立てる必要があります。例えば、相続人の1人が行方不明の場合などです。この場合、その相続人のために代理で協議に加わる人を

不在者財産管理人と言います。不在者財産管理人は、他の相続人が家庭裁判所に申し立てることで選出され、その相続人が不在の間の財産管理を行います。

代理人が必要となる場合

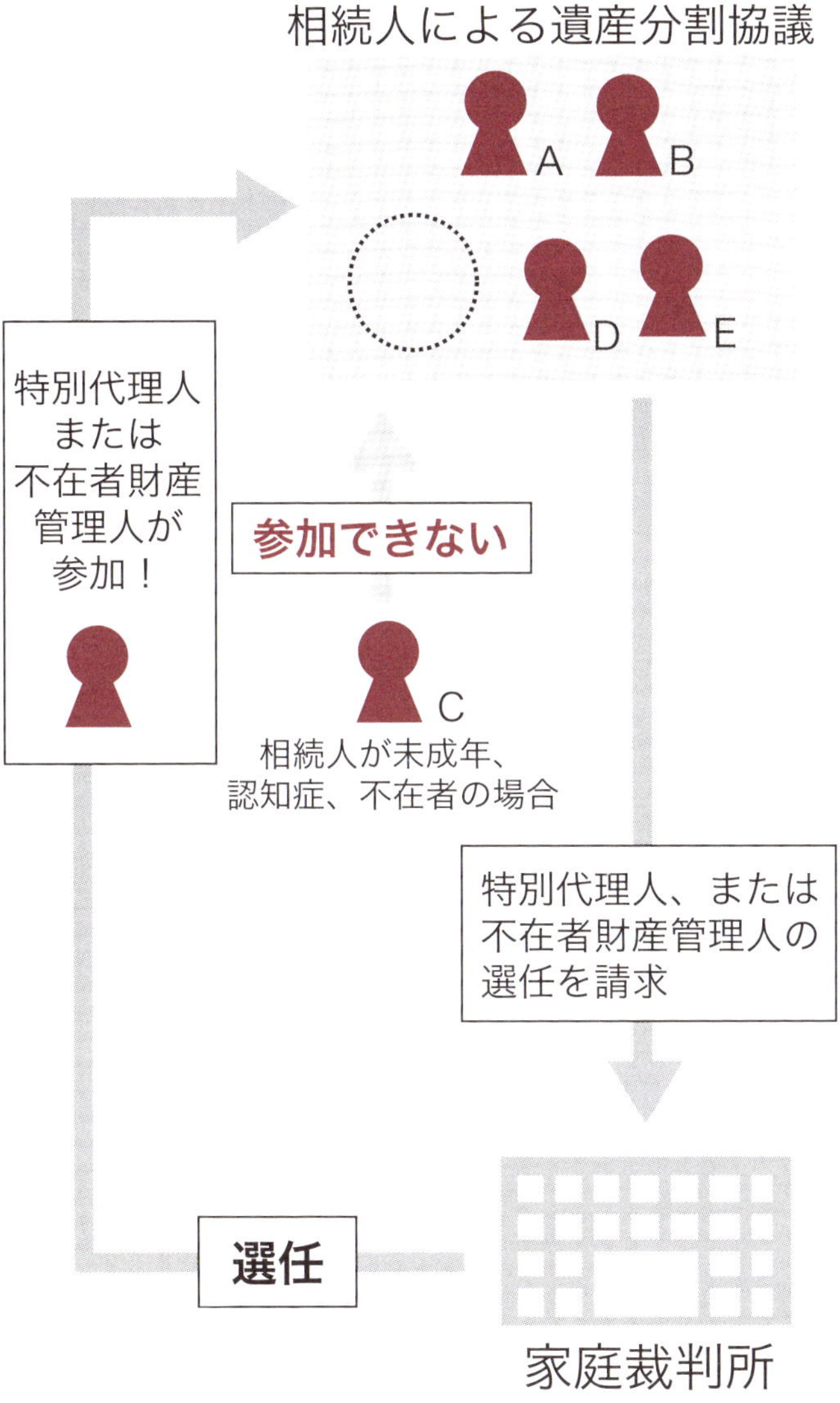

51 被相続人の事業を承継する場合

被相続人が経営する事業を相続する場合はどうすればよいのでしょうか。個人事業であれば事業用資産の承継、株式会社であれば株式の承継を相続することになります。それぞれについての考え方を見ていきましょう。

まず、株式会社を承継する場合ですが、これは端的に言えば株式を相続するだけです。遺言にあるのならばそのとおりに株式を分割し、事業承継を行ってください。遺言がない場合は遺産分割協議によって決めることになります。

個人事業の場合は、不動産である店、店で売る商品やその他の関連遺産をすべて相続させます。ただし、**相続人が複数いる場合、遺産のほとんどが店の商品関連のものであると遺産分割がこじれる可能性もあります。**

遺言で事業の承継を指定していれば問題ないですが、法定相続分で分割してしまうと、会社には資産だけではなく、借入もありますから、承継者は事業を続けていけません。こうした事情をまったく加味せずに、法定相続分を強引に相続しようとする相続人がいると、金融機関から追加の借入ができない場合、会社は倒産してしまい、従業員の方は職を失うことになってしまいます。これらの事態を避けるためにも現実的な遺産分割協議を行い、最終的には後継者が事業に必要な遺産をすべて相続した上で、後継者が他の相続人に**代償金**を支払う方法などがあります。

農業を営む被相続人の相続財産の場合も、その多くを農地が占めているために、同様のことがあります。逆に山間の使われていない農地などは売却の目処も立たず、固定資産税がかかるばかりで相続しないほうが得なこともあります。また、土地の種類によって評価額の違いがあります。このあたりは細かな決まり事がありますので、専門の知識のある法律家や不動産鑑定士などに相談してください。

遺産分割協議Q＆A

Q 被相続人から生前に家のリフォーム代を出してもらっていた相続人がいる場合、その代金は遺産分割に際して考慮されるのでしょうか？

A 含まれます。一部相続人が相続開始前に財産をもらう生前贈与や、法定相続とは別建てで遺言によって贈与する遺贈を受けた人のことを特別受益者と言います。遺産の分割にあたっては特別受益者のことを留意する必要があります。

特別受益がある場合には、相続財産に生前贈与を加えたものを相続財産とみなします。その相続財産を基礎として、各相続人の相続分を算定することになりますが、特別受益を受けた者については、特別受益分を控除して、現実に受け取る相続分を決めることになります。

Q 遺産分割協議を行っている際に、突然、被相続人の実子だという人が現れました。その人のことを他の相続人や親族は誰も知らないのですが、こんな場合どうしたらいいでしょうか？

A 被相続人が相続人ほか関係者に知らせていない隠し子を認知していた場合、このようなこともあるかもしれません。

実際に戸籍を確認して、それが事実ならば相続人として認められます。

このようなことがないように、遺産分割協議の前には、まず被相続人の出生から死亡まで連続した戸籍を入手しましょう。この連続した戸籍は、被相続人の銀行の預金名義を変更する際などにも提出を求められます。

Q 相続人の1人が、被相続人の介護を長い期間していた場合、遺産分割協議ではその貢献を遺産分割に考慮するべきですか？

A 遺産分割協議時、トラブルに発展するケースの1つに相続人が寄与分を主張とした場合が挙げられます。寄与が認められるのは、被相続人の事業に関する労務の提供、被相続人に関する財産上の給付、被相続人の療養看護などの例がありますが、民法では寄与分の算定基準について具体的な指示がありません。

この割合については相続人の合意があれば自由に設定できますが、無給で仕事を手伝っていたとか、わざわざ仕事を辞めて介護や監護をしたなどといった場合には考慮するべきでしょう。遺産分割協議で決まらず家庭裁判所での調停となると長い争いとなることもあります。

Q 遺産分割協議後に遺言書が見つかりました。分割自体は遺言に書かれていることとほとんど同様と言っていい範疇《はんちゅう》だったのですが、遺言では執行者が指定されていました。この場合、もう一度遺産分割をや

り直したほうがいいのですか？

A　この場合、遺言執行者が遺産分割の結果を認めてくれれば問題ありません。ただ、遺言執行人が、遺言と異なる遺産分割が遺言者の意思に反すると判断した場合には、その遺産分割に基づく処分は無効とされ、遺言に基づく執行が行われる可能性があります。

Q　遺言に書かれていた財産がすでに処分されていました。このような場合どうしたらいいのでしょうか？

A　遺言に記載されていた財産が被相続人によって生前に処分されていた場合、民法1023条により、生前処分によって遺言は撤回されたとされ、その財産のみ遺言から撤回されたとし、その他の部分は有効となります。

それによって、たとえ遺言内容に不公平が生じてしまっても、他の内容に関しては無効にはなりません。

Q　相続人に胎児がいます。このような場合の遺産分割協議はどのように行えばよいのでしょうか？

A　胎児はすでに生まれた人とみなされますので、遺産分割協議で胎児を相続人とみなさず出された結論は無効となります。

ここで胎児に特別代理人を立てるべきか否かの判断は難しい問題です。このケースにはあまり参考になる判例もなく、また、生まれたときに双子である可能性もあるわけですから生まれてくるまで待って遺産分割協議をするのが無難です。どうしても急を要するということであれば、家庭裁判所へ遺産分割審判の申立てをして結論を出す方法もあります。

なお、胎児の相続に関係する話として、相続人になるはずであった人が被相続人より先に亡くなり胎児が代襲相続する場合も胎児への相続は認められます。

遺産分割協議書の書き方例

平成 24 年 12 月 1 日山田太郎の死亡により開始した相続につき、共同相続人である私共は次のとおり相続財産について遺産分割の協議をした。

記

1．相続人 山田花子は次の不動産を取得する。

（1）土地

所在　東京都新宿区○○町○丁目

地番　○番○号

地目　宅地

地積　○○○．○平方メートル

（2）建物

右同所所在　家屋番号○番○

木造瓦葺２階建居宅

床面積　１階○○．○平方メートル　２階○○．○平方メートル

2．相続人 山田一郎は次の被相続人名義の預金を取得する。

銀行名　○○銀行新宿支店

預金の種類　普通預金

口座番号　○○○○○○

口座名義人　○○○○

預金残高　金○○○○円

3．本協議書に記載なき遺産及び後日判明した遺産は、相続人 山田一郎がこれを取得する。

以上のとおり、遺産分割協議が成立したので、これを証するため、この遺産分割協議書２通を作成して、相続人全員が署名押印し、各自その１通を保有するものとする。

平成 24 年 12 月 25 日

東京都新宿区○○町○丁目○番○号

相続人 山田花子　実印

神奈川県横浜市○○町○丁目○番○号

相続人 山田一郎　実印

第9章　遺産相続で必要な手続き

――法的な手続き

遺産分割協議が終わり、何をどれだけ相続するかが決まったら、最後にその手続きが必要になります。その手続きは、名義変更や請求、支払い、登記、納税など種類はさまざま。ここではその方法を見ていきましょう。

52 自動車の名義変更手続き

動産の中でも、自動車や船舶などは相続対象になり、相続する際には名義変更の手続きが必要になります。ここでは自動車を例にとってみていきます。

自動車は、相続人単独でも共同でも相続できます。手続きには除籍謄本、印鑑証明書、委任状、住民票、車検証、車庫証明書などが必要になります。

必要になる書類は、以下のパターンによって違います。

1　複数の相続人のうち1人が自動車を単独相続する場合

2　複数の相続人が共同で自動車を相続する場合

詳しくは左の表を参照してください。

自動車は、たとえ廃車にする場合や売却、第三者に譲渡する場合でも、まずは相続手続きをしなければ処分できませんので注意してください。

単独相続による普通車の名義変更手続きに必要な書類	
除籍謄本	被相続人（死亡者）のもので 相続人全員の記載が必要。 ※婚姻等で戸籍謄本より除外され 相続人として確認の取れない場合は原戸籍謄本。 被相続人の戸籍から除外されている人は、 現在の戸籍謄本も必要。 婚姻関係や出生の事実関係を証明できる書類が必要。 ※発行されてから３か月以内のもの。
印鑑証明書	単独相続する人のものが必要。 発行から3か月以内のもの。
委任状	単独相続人の実印を押印した委任状。 必ず実印で押印する必要があります。

共同相続による普通車の名義変更手続きに必要な書類	
除籍謄本	被相続人（死亡者）のもので 相続人全員の記載が必要。 ※婚姻等で戸籍謄本より除外され 相続人として確認の取れない場合は原戸籍謄本。 被相続人の戸籍から除外されている人は、 現在の戸籍謄本も必要。 婚姻関係や出生の事実関係を証明できる書類が必要。 ※発行されてから３か月以内のもの。
印鑑証明書	共同相続する人全員のものが必要。 （未成年者については住民票） 発行から3か月以内のもの。
委任状	共同相続人全員のものでそれぞれ実印を押印。 （未成年者については親権者併記。）

両者に共通する必要書類
自動車検査証（検査有効期限のあるもの） 申請書（OCRシート１号） 手数料納付書（登録印紙５００円貼付） 車庫証明書（使用の本拠が変わる場合） ※発行されてからおおむね１か月以内のもの。 ※共同相続の場合は、使用者を1人設定する必要があり、 車庫証明はその人のものが必要。 自動車税申告書

53 保険金の受け取り手続き

被相続人が生命保険などの保険に加入している場合は、なるべく早めに保険金の支払いのための手続きを済ませておくことが望ましいです。**保険金の支払いの請求は一般的に3年、郵政民営化以前の簡易生命保険（簡保）で5年と言われています**が、詳しくは被相続人が加入していた保険会社に問い合わせてみてください。

保険金の支払請求で一般的に必要とされる書類には、保険証書、保険金受取人の戸籍謄本（抄本）、被保険者の住民票、保険金受取人の印鑑証明書、死亡診断書（死体検案書）などです。

なお、保険金を受け取った場合、契約形態によって税金の支払義務が生じる可能性があります。詳細は左の図を参照してください。

また、**保険料の負担者と受取人が被相続人以外の者であった場合は一時所得とみなされ、その者に所得税や住民税が発生します。**一時所得とは、営利目的の継続的行為や労務の対価以外によって発生した所得を指し、例えば、懸賞金や公営ギャンブルの払戻金、生命保険の一時金や損害保険の満期返戻金などがこれにあたります。

死亡保険金の受け取りにより発生する可能性がある税金

保険料を負担していた人	被相続人	被相続人以外の人	被相続人以外の人
保険金を受け取る人	被相続人以外の人	保険料を負担していた人（上記と同一人物）	保険料を負担していた人とは別人

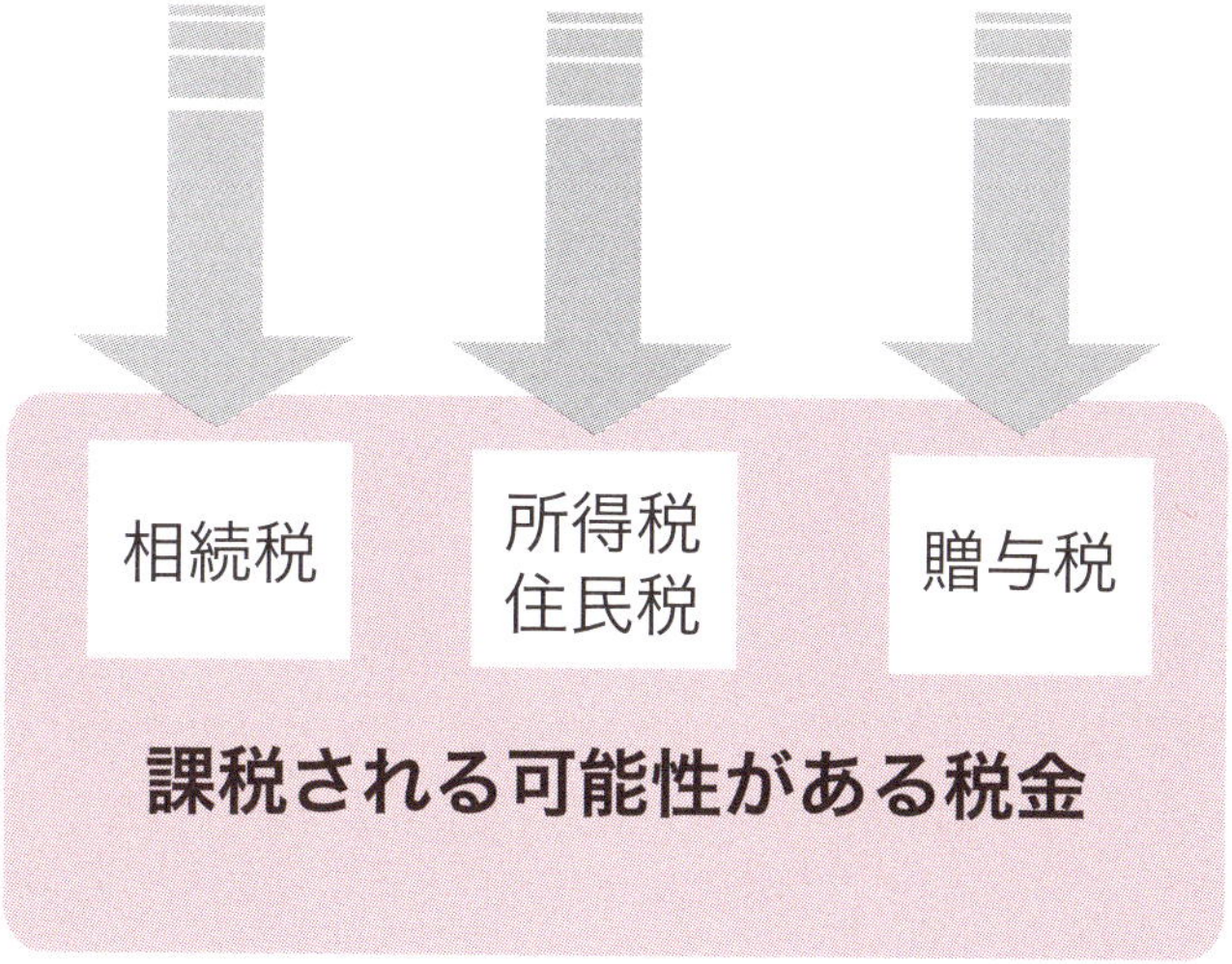

54　被相続人が残した債務、相続した債権の取り扱い

遺産相続において他と比べて、少々難しいのが債務の取り扱いです。まずは、被相続人の相続財産に債務が含まれている場合を説明します。

相続放棄をしていない限り、相続財産の中に含まれる債務は相続人に返済義務が生じます。返済金額は相続人が複数いる場合には、各人の法定相続分に応じた額となります。仮に、相続人の間で、法定相続分とは違う割合の債務分担を取り決めたとしても、債権者の同意が得られない限り、これは債権者を拘束しないことになります。つまり、**債務に関しての分割は債権者との協議が別に必要**となり、そこでの取り決めが重要になります。

これは、被相続人が他人の借金の保証人となっていた場合も同様で、その義務も債務と同様に相続されます。ですので、被相続人が借金の保証人であることを知った際は、債務者本人（主たる債務者）が**誰**か、いつまでが**期限**で、いくらの**債務**があるのか、そして債務者本人に返済能力はあるのかなどを考慮して、相続そのものの放棄、限定承認なども視野に入れておくことが必要となります。

反対に相続財産に債権がある場合ですが、**債権には回収できないリスクがあります**。そのた

めに、1人の相続人がその債権を相続した場合でも、相続人全員でリスクを負うことになります。もしも、回収できない債権があった場合には、他の共同相続人が遺産の分割によって受けた債権について、原則としてその分割のときにおける債務者の資力を担保する決まりになっています。

相続した債務の取り扱い

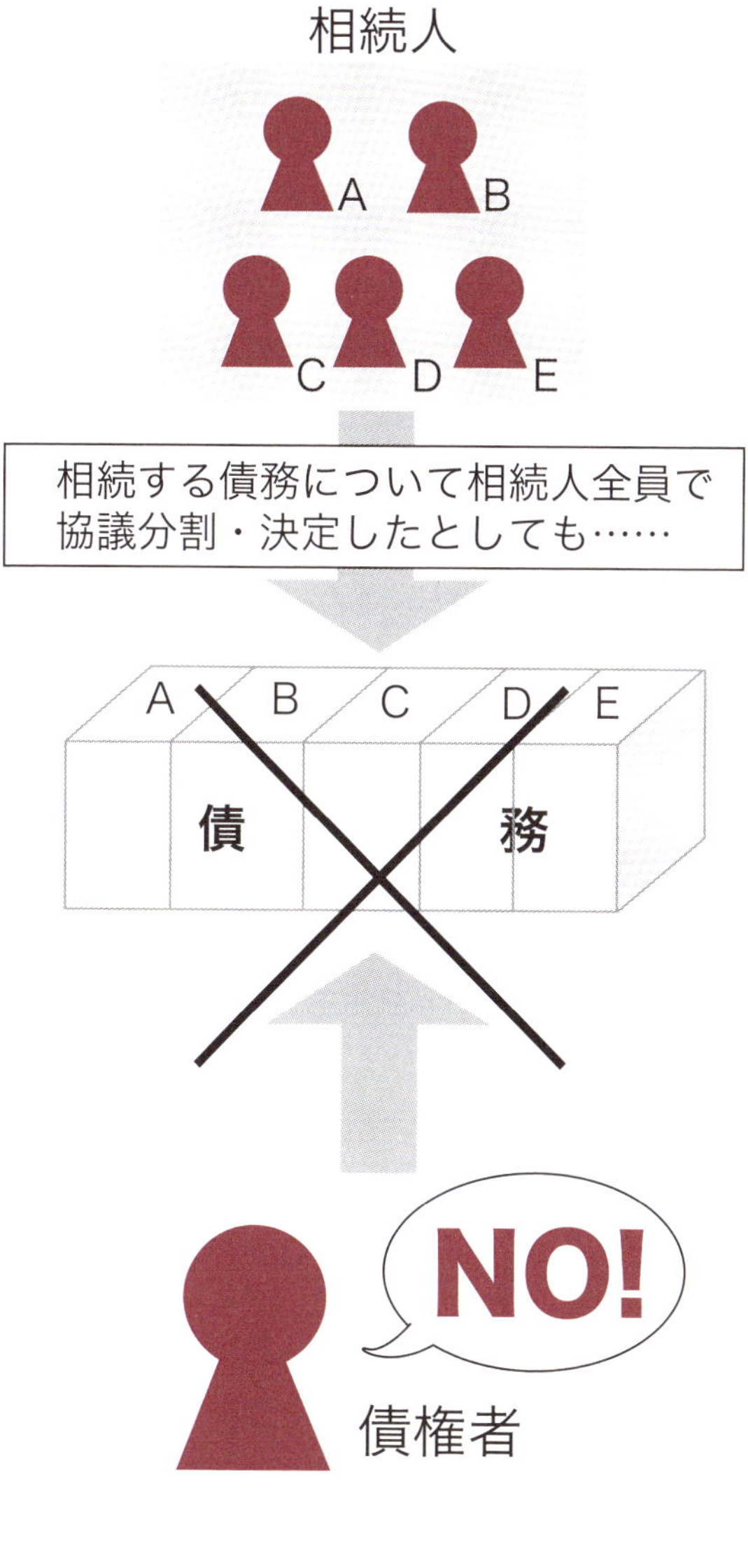

55 不動産の相続登記は必要なのか？

被相続人から相続した財産の中には名義や登記、登録を被相続人から相続人に変更しなくてはならないものもあります。なかでも土地や建物などの不動産は、登記を変更しないでおくと後に大きなトラブルとなる可能性があります。なお、相続に伴い、不動産の名義を被相続人から相続人に移す手続きのことを**相続登記**と言います。

相続登記は相続人が1人であればその相続人の名義に、**相続人が複数の場合は、相続開始と同時に、いったんは相続分の割合に応じて、相続人全員の共同所有になります。**

その後、遺産分割協議により、該当の不動産を、特定の所有者に相続させることに決めたときに、遺産分割で持分を失うこととなった相続人から、その不動産を取得することとなった相続人へ、その持分を移転する登記をすることになります。

相続登記はいつまでにしなくてはならないという厳密な期限はありませんが、トラブルを回避するという観点からなるべく早めの対応が望ましいといえます。

なお、相続登記は、平成16年の不動産登記法の改正によりインターネットなどでも行えるようになりましたが、手続き方法などに不安がある場合は司法書士に相談することをおすすめします（2012年3月時点では、オンライン申請ができる司法書士に登記申請を依頼すると、登録免許税が最大で4000円の割引となります）。相続登記の手続きが完了すると、**登記識別情報**が通知されます。これは権利証の代わりとなるため大切に保管しましょう。

56 遺族年金の請求手続き

年金制度には、遺族となった被共済者の妻や子に対して年金が支払われる**遺族年金**と呼ばれるものがあります。その中でも代表的なものが**遺族基礎年金**と**遺族厚生年金**です。遺族基礎年金、遺族厚生年金を受給できる要件などは左の表を参照してください。

遺族基礎年金は、被相続人が国民年金の被保険者で要件を満たしていることを前提に、被保険者の妻、子が受け取ることのできる年金です。遺族厚生年金は、被相続人が厚生年金保険に加入し、要件を満たしている場合に妻と子に支払われるものとなります。

また、被相続人が国民年金に加入していた場合は、**寡婦年金**、**死亡一時金**という制度もあります。寡婦年金は、被保険者が夫であり、その保険料納付済期間と保険料免除期間の合計が25年以上であった場合に、夫によって生計を維持されてきた、婚姻関係を10年以上続けてきた妻に対して60~65歳の間支給されるものです。

死亡一時金は被保険者の保険料納付済期間が3年以上である場合に、配偶者、子、父母、孫、祖父母、兄弟姉妹の順で死亡時に生計をともにしていた者に受給資格があるものです。

寡婦年金と死亡一時金の両方の受給資格がある場合は、どちらかを選択する必要があります。

遺族基礎年金と遺族厚生年金のそれぞれの主な受給要件

遺族年金の種類	要件	特記事項
遺族基礎年金	1　被相続人が国民年金の被保険者である。 2　被保険者が60歳以上65歳未満で 　日本国内に住所を持って死亡している。 3　老齢基礎年金の受給権者である。 4　老齢基礎年金の受給資格期間を満たしている。 被相続人が以上の1～4のいずれかに当てはまり、 受給者は被相続人によって生計を維持されていた 子のいる妻、または子である。	被相続人が右記1か2の場合は いずれかの条件を満たしている必要がある。 ※死亡日の前々月までの被保険者期間のうち 保険料納付済期間と保険料免除期間の合算が 3分の2以上であること。 ※死亡日の前々月までの直近1年間に 保険料の未納がない。 受給者の子とは、18歳になってから 最初の3月31日を迎えていない結婚していない者、 または1級、2級の障害がある20歳未満の者を指す。 被相続人が死亡時に胎児だった者も 出生すれば受給者の対象となる。
遺族厚生年金	1　被相続人が厚生年金の被保険者である。 2　厚生年金の被保険者期間中に 　初診日がある病気や怪我が原因で 　初診日から5年以内に死亡した。 3　1級、2級の障害厚生年金を受給していた。 4　老齢厚生年金の受給権者であるか 　または老齢厚生年金の受給資格期間を満たしている。 被相続人が以上の1～4のいずれかに当てはまること。 受給者は一定の要件（被相続人が亡くなった当時、 亡くなった人に生計維持されていたことなど）を満たした遺族 （遺族の範囲については左記）で受給順位が上の者となる。	被相続人が右記の1か2の場合は いずれかの条件を満たしている必要がある。 死亡日の前々月までの被保険者期間のうち 保険料納付済期間と保険料免除期間の 合算が3分の2以上であること。 死亡日の前々月までの直近1年間に 保険料の未納がない。 遺族厚生年金を受けられる遺族の順位は 第1位　妻、55歳以上の夫、子 （右記の親に支給されている間は支給されない） 第2位　55歳以上の父母 第3位　孫 第4位　55歳以上の祖父母 いずれの場合も被保険者の死亡時に 被保険者によって生計を維持されていたことが条件。 55歳以上となっている者の支給開始時は60歳からとなる。 子、孫は18歳になってから最初の3月31日を迎えていない 結婚していない者、 または1級、2級の障害がある20歳未満の者を指す。

57 相続税を納める手続き

遺産総額が基礎控除を超えている場合、被相続人が死亡した所在地を管轄する税務署に相続税を申告し、納付しなくてはなりません。

期限は、相続の開始を知った翌日から10か月以内とされています。期限内にこれを守れない場合は、延滞税や加算税などが課されます。

また、相続税は**連帯納付の義務**が課されているため、**1人でも相続税を支払わない相続人がいる場合は、ほかの相続人が代わりに支払わなければならない仕組みです。**

例えば、相続財産に債権や不動産などが多く、その処分が間に合わないなど期限内に金銭での支払いが難しい場合は、**延納**や不動産などの現物で支払われる**物納**が認められています。

申告は税務署に対して行うことが必要ですが、納税は銀行や郵便局などの金融機関で行えます。申告に際して必要な書類は戸籍謄本、遺産分割協議書のコピーなどです。詳しくは左の表を参照してください。特例や控除などの決まり事は細かく、また税法の変更も頻繁にあります。

相続税を支払うくらい相続財産の価値が高い場合や数が多い場合は、専門の知識を持つ税理士に相談することをおすすめします。

1 一般の場合

1） 戸籍謄本
2） 遺言書の写し又は遺産分割協議書の写し
3） 相続人全員の印鑑証明書（遺産分割協議書に押印したもの）
4） 相続時精算課税適用者がいる場合には、
被相続人及び相続時精算課税適用者の戸籍の附票の写し

2 小規模宅地等の特例の適用を受ける場合

1） 戸籍謄本
2） 遺言書の写し又は遺産分割協議書の写し
3） 相続人全員の印鑑証明書（遺産分割協議書に押印したもの）
4） 申告期限後3年以内の分割見込書（申告期限内に分割ができない場合に提出）
5） 特定居住用地など
A 住民票の写し
B 戸籍の附票の写し
C 相続開始前3年以内に居住していた家屋が、
取得者又はその配偶者の所有する家屋以外の家屋である旨を証する書類
6） 特別事業用宅地などの場合
一定の郵便局舎の用に供されている宅地などの場合には、
総務大臣が交付した証明書
7） 特定同族会社事業用宅地など
A 特例の対象となる法人の定款（相続開始の時に効力を有するものに限る）
B 特例の対象となる法人が一定の事項を証明した書類

3 特定事業用資産の特例の適用を受ける場合

1） 戸籍謄本
2） 遺言書の写し又は遺産分割協議書の写し
3） 相続人全員の印鑑証明書（遺産分割協議書に押印したもの）
4） 申告期限後3年以内の分割見込書（申告期限内に分割ができない場合に提出）
5） 特定事業用資産の種類に応じ特例の適用要件を確認する書類

4 配偶者の税額軽減の適用を受ける場合

1） 戸籍謄本
2） 遺言書の写し又は遺産分割協議書の写し
3） 相続人全員の印鑑証明書（遺産分割協議書に押印したもの）
4） 申告期限後3年以内の分割見込書（申告期限内に分割ができない場合に提出）

5 農地等の相続税の納税猶予の特例の適用を受ける場合

1） 戸籍謄本
2） 遺言書の写し又は遺産分割協議書の写し
3） 相続人全員の印鑑証明書（遺産分割協議書に押印したもの）
4） 相続税の納税猶予に関する適格者証明書
5） 担保関係書類

法的な手続きQ&A

Q 新たな相続財産が分割協議後に見つかりました。この場合、遺産分割協議をやり直すべきでしょうか?

A 新たに見つかった相続財産が重要な財産であって、その存在が事前に分かっていて遺産分割協議を行わなかったというような特別の事情がある場合には、例外的に遺産分割協議が無効になることもありますが、多くの場合、有効なものとして取り扱われます。その場合は、相続人間で特に問題がなければ、新たに出てきた相続財産を分割するだけでも構いません。

Q 債権を相続した兄が、「債務者から半分しか回収できなかった」ということで、遺産分割を見直すように言ってきました。この場合、見直さなければならないのでしょうか?

A 見直す必要はありませんが、お兄さんが回収できなかった分に関しては補填してあげなくてはなりません。民法912条では「各相続人は、その相続分に応じて他の共同相続人が分割によって受けた債権について、分割当時における債務者の資力を担保する」と規定されています。

これは、債権を相続した人が1人損しない

ために作られた法律です。例えば、被相続人の子2人兄弟が相続し、長男が1000万円の債権を相続し、遺産分割当時は債務者が1000万円を支払う資力があったにもかかわらず、その後資力を失って500万円しか回収できなかった場合、相続人が遺産を均等に相続しているという前提で、焦げ付いた残りの500万円を2等分した250万円を次男から償還してもらえるのです。

Q 土地を相続したのですが、遺産分割の際には気がつかなかった抵当権が設定されていました。この抵当権は抜くことができるのでしょうか？

A 後から判明した場合でも、抵当権は抵当権者との合意があるか、または債務自体が効力のないものになっていない限り抜くことはできません。後日、抵当権が実行され、損失を被った場合には、抵当権の付いた不動産を遺産分割によって取得していた相続人が、自己の負担で他の相続人が支払うべき債務の返済をしたことになります。この場合には、他の相続人に対して、法定相続分に応じてそれぞれ支払いを求める（求償）ことにより調整を図ることになるでしょう。

Q 子供が死亡したのですが、自殺の疑いがあるとのことで生命保険が受取れません。このような場合、どのようにしたらいいでしょうか？

A 自殺の場合、保険契約の成立から3年以内であれば保険金は支払われない規定になっています。ですから、本当に自殺なのであれば免責期間内の自殺と認定され、保険金は支払われることはありません。

Q 父が交通事故で亡くなったのですが、損害賠償請求は誰が行うべきでしょうか。

A 損害賠償請求権は相続の対象となりますので、各相続人が賠償請求を行うことができますが、遺産分割協議の中で、賠償請求を行う人を決めることも可能です。

相続コーディネーターとして数多くの士業事務所のコンサルティングを行ってきた著者が、信頼ができ、充分な実績を持つ士業事務所をご紹介します。

相続コーディネーターがすすめる

全国士業事務所一覧

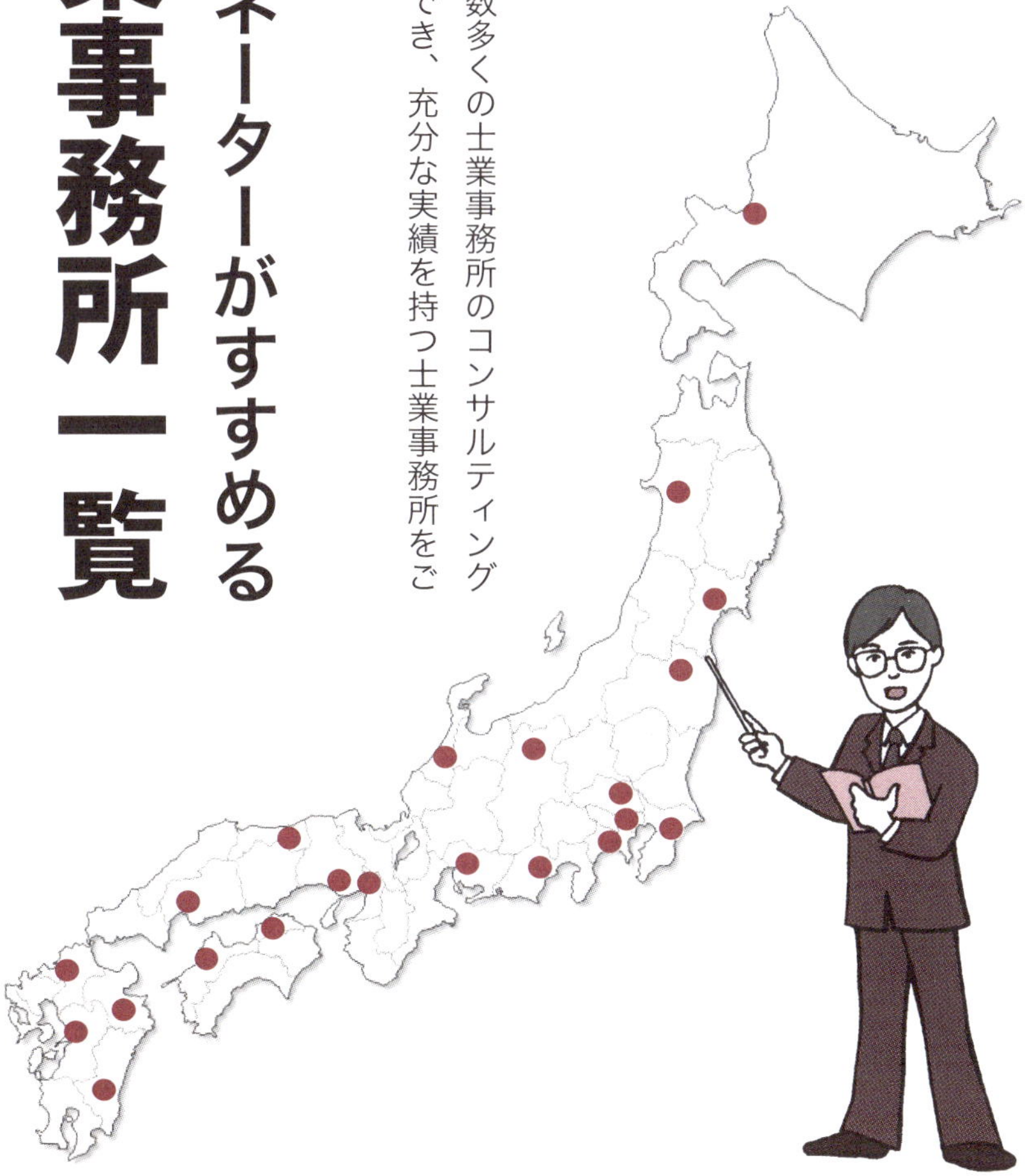

SATO行政書士法人

グループ総数650名　経営理念は「信頼のお付き合い」

業歴35年の間で培われた信頼と実績から、総合的なアウトソーシングサービスなど提供するSATOグループ。グループ総勢650名を超える一大グループならではの対応の幅に定評がある。

"信頼のお付き合いをモットーに社会のブレーンたらん"を経営理念に掲げ、相談者に対する対応の速さや、実際に相談者宅へ訪問し、丁寧に相続・遺言に関する諸問題を説明してくれるなど、顧客視点に立ったきめ細やかなサービスが魅力である。

事務所名	SATO行政書士法人
所属情報	北海道行政書士会所属
法人登録番号	行政書士法人　第0400601号
代表者	行政書士　佐藤 良雄 行政書士　阿部 典紀
所在地	北海道札幌市東区北6条東2丁目3番1号 キムラビル1階

URL http://www.sato-group.com/s-office/

連絡先 011-742-8222

FAX 011-742-8011

E-mail s-office@sato-group.com

営業時間 平日　9：00～18：00
土曜　9：00～12：00
※日曜祝祭日を除く

業務内容

- 相続手続き一式（戸籍収集・財産調査・遺産分割協議書作成）
- 遺言書の作成・遺言執行
- 任意後見契約
- 会社設立
- 建設業許可申請
- 各種許可申請

代表者プロフィール

代表社員 行政書士
佐藤 良雄

略歴

1977年2月行政書士佐藤良雄事務所開設。
1979年8月労働保険事務組合 労務事務指導協会 設立 理事長就任。
1987年11月キャリアバンク株式会社 設立 代表取締役就任。
1997年4月株式会社エコミック設立。
1999年7月職業訓練法人キャリアバンク職業訓練協会 会長就任。
2002年7月株式会社セールスアウトソーシング 設立 代表取締役就任。
2004年8月SATO行政書士法人 設立 代表社員就任。

趣味

映画・演劇鑑賞・スポーツ観戦・ゴルフ・旅行

行政書士　佐藤秀樹事務所

弁護士、税理士、司法書士とのネットワーク充実

「24時間365日主義」を掲げ、顧客のニーズに幅広く柔軟に応える。弁護士、税理士、司法書士とのネットワークも充実しており、相続や各種書類作成などの複雑で面倒な手続きまで相談者をトータルにサポートする。

その信頼度の高さから個人の相談者はもちろん、地元大手企業の許認可手続きも任されている。

事務所名	行政書士　佐藤秀樹事務所
所属情報	北海道行政書士会所属
登録番号	第03011650号
代表者	行政書士　佐藤 秀樹
所在地	北海道札幌市中央区北4条西12丁目1番地28 日宝北4条ビル702

URL http://www.hideki-office.com
連絡先 0120-669-291
FAX 011-522-9321
E-mail h.sato@hideki-office.com
営業時間 9：00～18：00
※事前に連絡をすれば随時対応

業務内容

- 相続手続き一式
（相続人調査、相続財産調査、預貯金の解約、払戻し手続き）
- 遺産分割協議書の作成
- 遺言書の作成・遺言執行
- 会社設立
- 建設業許可
- 外国人就労ビザの手続き
- 風俗営業許可

代表者プロフィール

行政書士
佐藤 秀樹

略歴

1968年旭川出身。

平成元年須貝興業（株）〔現（株）ゲオディノス〕入社。1990年行政書士試験合格。1991年より大手行政書士事務所に17年間勤務。2007年4月に独立。現在に至る。


企業合併とそれに伴う許認可手続きのコンサルティングを得意とする。年間100件以上の会社設立を手掛け、また、公益法人の認定を手掛けるなど特殊法人にも造詣が深い。

趣味

メガネ、ベルト、ネクタイ等の小物集め、温泉巡り、映画鑑賞、ジム通い

High Field司法書士法人

土曜20時まで無料相談を実施。山形にも事務所あり

仙台市営地下鉄の北四番丁駅の付近、仙台市役所や宮城県庁から徒歩3分と仙台市内でも交通の便に優れた場所に立地。仕事帰りの相談者でも立ち寄りやすいよう、平日に加えて土曜日も20時まで無料相談を実施している。業務内容は不動産の名義変更（相続登記）、相続放棄、遺言書の作成、遺言執行など、相続の手続き全般にわたって対応。相談内容ごとの料金プランがあらかじめ用意されているため、コスト面に不安がありなかなか相談に踏み切れない相談者でも安心して訪問できる。

事務所名	High Field司法書士法人
所属情報	宮城県司法書士会所属
登録番号	宮城第548号
認定司法書士認定番号	第337054号
代表者	司法書士　高野 和明
所在地①	宮城県仙台市青葉区二日町13番22-404号
所在地②	山形県山形市香澄町2丁目2番31号3階

URL http://souzoku-guide.com/
連絡先 0120-489-022
FAX 022-713-5366
E-mail info@highfield.co.jp
営業時間 9：00～20：00（月～土）

業務内容

- 遺言書の作成・遺言執行
- 相続登記（不動産の名義変更）
- 預貯金や有価証券の名義変更
- 戸籍収集・相続関係調査
- 財産調査
- 遺産分割協議書の作成
- 相続放棄・借金整理
- 成年後見・任意後見

代表者プロフィール

代表社員 司法書士
高野 和明

略歴

秋田県出身。2004年司法書士登録、2006年行政書士登録。2008年には現在の場所で事務所開設。2011年に司法書士法人を設立。登録以降、多数の相続・遺言案件を手掛けている。

趣味

今は忙しくて、仕事が一番の趣味です…が、いずれは温泉旅行・食べ歩きをしたいです

司法書士
大田 知哉

略歴

新潟県出身。2009年に司法書士試験に合格。同年、当法人の前身である高野事務所に入所。2011年、代表の高野と共に司法書士法人を設立し、山形事務所所長に就任。現在、LEC仙台校司法書士講座講師。

趣味

スポーツ観戦：MLBとF1が好きですが、競技を問わず何でも観ます

秋田県

きりゅう司法書士事務所　あきた相続窓口センター

URL http://www.akita-souzoku.com/

連絡先 018-865-7700　0120-49-7700

FAX 018-865-1600

E-mail info@akita-souzoku.com

営業時間 9:00 ～ 18:00（土日祝日は応相談）
※夜間対応は応相談。メール・FAXは365日・24時間受付可能

業務内容

- 相続・遺言手続き
- 相続アドバイザー
- 不動産の名義変更・会社の役員変更
- 債務整理
- 事業承継のコンサルティング
- 一般民事・裁判書類作成
- ライフプランニング
- 不動産売買・住宅ローンの相談等
- 不動産謄本取得サービス
- 上記業務にかかるセミナー講師、執筆

きめ細かなサポートに定評がある実績豊富な司法書士

「秋田県民の身近な司法相談窓口」をモットーに相続や遺言、贈与、生前対策などの手続きを支援する事務所。

難しい相続に関する手続きや仕組をわかりやすく説明したうえで、相談者の要望や想いを汲み取った最善の手続き、その手続きにかかる費用まで希望に沿ったプランを提案してくれる。初回相談は基本無料だが、事前予約が望ましい。

事務所名	きりゅう司法書士事務所 あきた相続窓口センター
所属情報	秋田県司法書士会所属
登録番号	秋田第293号
認定司法書士認定番号	第337077号
代表者	司法書士　桐生 謙吾
所在地	秋田県秋田市八橋本町3丁目20番36号 M2ビル2階

代表者プロフィール

代表司法書士
桐生 謙吾

略歴

2003年
司法書士試験合格。
2004年
簡易裁判所訴訟代理権認定試験合格。
2004年
秋田市にて桐生司法書士事務所開業。
2008年
現在地に事務所移転、きりゅう司法書士事務所に名称変更。
2010年
同事務所内にあきた相続窓口センターを開設。

趣味

読書、ミュージカル鑑賞、旅行（旅先での食べ歩き）等

ベストファーム東京司法書士法人

URL http://www.bestfirm.co.jp/

連絡先 0120-165-246

FAX 0247-26-7325

E-mail info@bestfirm.co.jp

営業時間 9：00 ～ 19：00

業務内容

- 相続手続き
- 遺言作成
- 成年後見手続き
- 死後事務委任
- 債務整理
- 過払い金返還請求
- 債権回収
- 商業・法人登記
- 不動産・測量登記

気軽に立ち寄れるコンビニ的存在で全国展開

「かかりつけの病院があるように、かかりつけの法律相談所があってもいい」というモットーで設立された司法書士法人の福島事務所。気軽に立ち寄れる「手続きコンビニ」と相続業務に特化した「相続相談プラザ」の２種類の事務所を全国に展開する。司法書士、土地家屋調査士、行政書士、測量士が複数在籍し、各種法的手続きを明確な料金体系でワンストップ（一ヵ所）で提供する。創業 20 年で培った、10,000 件を超える相談実績をもとに、相続のさまざまな手続きに関する無料相談会も随時開催している。

事務所名	ベストファーム東京司法書士法人
代表者	司法書士　斉藤 浩一
所在地①	福島県石川郡石川町大字塩沢字広畑44番地1
所在地②	福島県郡山市御前南1丁目60番地
所在地③	福島県いわき市平字堂根町1番地11

代表者プロフィール

社員司法書士
斉藤 浩一

略歴

1960年生まれ。

1982年司法書士試験合格。

1984年土地家屋調査士試験合格。

1992年人口18,000人の福島県石川町に事務所を開設。

コンビニエンスストアのように気軽に利用できる法律事務所をコンセプトとし、大きな看板とガラス張りの路面事務所、最近では商業施設内のテナントとしての事務所展開を行い、業界初の試みとして士業全体から注目を集める。 現在、福島県内に３事務所、東京に３事務所、埼玉に１事務所の計7事務所を開設、従業員数約130名のベストファームグループの代表を務める。

趣味

士業事務所訪問

埼玉県

SMC税理士法人　池袋所沢遺産相続ネット

東京北部から埼玉県の南西部の相続問題に応える

東京北部（豊島区～練馬区）から埼玉県の南西部（所沢・狭山・入間）を中心に主に都心部の広範囲から相談を引き受けている。

遺産相続や財産の名義変更、そして相続税申告などの専門的な相続手続きについて、初回の相談については無料で対応する。相談メニューは無料相談が 40 分から 1 時間となり、その後、専門家が遺産相続に関する手続きや問題解決に向けた流れを説明してくれる。

事務所名	ＳＭＣ税理士法人　池袋所沢遺産相続ネット
所属情報	関東信越税理士会所属
登録番号	第94183号
代表者	税理士　関根 威 税理士　関根 克未
所在地	埼玉県所沢市日吉町18番26号所沢FSビル5階

URL http://www.smcjapan.co.jp/
http://www.totoronomori.com/
（池袋所沢遺産相続ネット）

連絡先 04-2924-7775
0120-307-339
（池袋所沢遺産相続ネット）

FAX 04-2924-7744

E-mail admin@smcjapan.co.jp

営業時間 10：00 ～ 18：00（月～金）
※土日祝日も対応（要予約）

業務内容

- 相続税申告
- 遺言作成
- 相続対策
- 相続登記
- 生前贈与
- 財産の名義変更

代表者プロフィール

理事長 税理士
関根 威

略歴

1967 年生まれ。明治大学卒業後、税理士の道へ進む。2008 年に理事長に就任した後、2011 年には事務所を所沢駅前に移転させる。また、行政書士資格も保有し、相続ワンストップサービスを提供する。

趣味

ゴルフ

副理事長 税理士
関根 克未

略歴

1970 年生まれ。明治大学卒業後、父、兄と同じく税理士の道へ進む。2008 年に副理事長に就任した後は、理事長と二人三脚で相続に悩む相談者のサポートを行う。相続業務に関しては所内ＮＯ１の実績を誇る。

趣味

ゴルフ

北海道
東北
関東・甲信越
中部
関西
中国・四国・山陰
九州

司法書士法人つばさ総合事務所　千葉相続遺言サポートセンター

13 人の所員が親身になって相続問題に応える

強みは、所員 13 人（うち認定司法書士６人）を誇る組織力。各家庭などによって異なる遺産相続に関する問題、相談者のさまざまな悩みや相談に対し、相談内容に応じて専門のアドバイザーをつけてくれる点は魅力的だ。
初回の相談は無料で、手続きの流れ、手続きにかかる費用や時間の説明に加え、他士業専門家の紹介などにも応じる。

事務所名	司法書士法人つばさ総合事務所 千葉相続遺言サポートセンター
所属情報	千葉司法書士会所属
登録番号	千葉第1400039号
認定司法書士 認定番号	第601590号（大久保 博史） 第701318号（遊佐 洋助）
代表者	司法書士　大久保 博史 司法書士　遊佐 洋助
所在地①	千葉県千葉市中央区新宿二丁目1番16号 深山ビル2階
所在地②	千葉県山武郡大網白里町駒込440番地8 大網ハイツB棟204号

URL http://office-tsubasa.com/
連絡先 043-204-3280
0120-253-280（相続・遺言）
FAX 043-204-3288
E-mail info@office-tsubasa.com
営業時間 9：00 ～ 18：00（月～金）
※土日祝日も対応（要予約）

業務内容

- 相続登記・遺言
- 不動産登記全般
- 抵当権の設定・抹消登記
- 商業登記
- 債権・動産譲渡登記
- 企業法務
- 事業承継
- 債務整理
- 成年後見
- 裁判

代表者プロフィール

所長 司法書士
大久保 博史

略歴
1970 年生まれ。中央大学法学部卒業後、司法書士事務所に勤務。1997 年大久保司法書士事務所を開業。2007 年司法書士法人つばさ総合事務所に法人改組。商工会議所などのセミナー講師としても活躍中。

趣味
読書、写真、ゴルフ
座右の銘：一期一会

副所長 司法書士
遊佐 洋助

略歴
1970 年生まれ。早稲田大学法学部卒業後、保険会社に勤務。2000 年大久保司法書士事務所入所。2007 年司法書士法人つばさ総合事務所に法人改組。相続アドバイザーとしても活躍中。

趣味
読書、ドライブ、酒
座右の銘：誠心誠意

きくち司法書士事務所

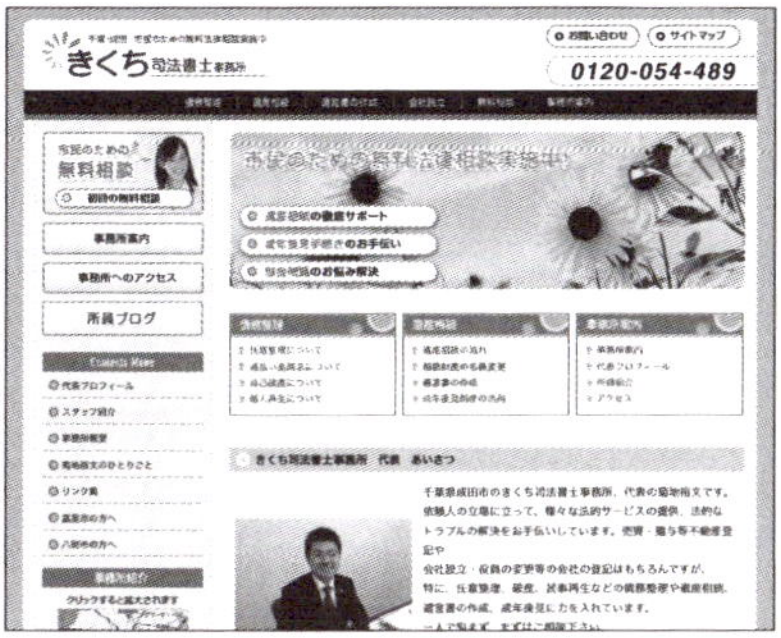

URL http://www.kikuchijimusho.jp/
連絡先 0120-054-489
FAX 0476-28-5563
E-mail kikuchi-h@law.email.ne.jp
営業時間 9：00 ～ 18：00（月～金）

スピーディーな対応が特長　初回無料相談も受付中

成田郵便局の目の前に事務所を構え、３名の司法書士が相談者の相続に関するさまざまな相談に応じる。

成田地区の司法書士事務所では、司法書士、スタッフの人数ともに豊富であると自負する通り、その組織力でスピーディーかつ正確に手続きの流れや法律的な問題点、費用の概算等を丁寧に説明してくれる。

事務所名	きくち司法書士事務所
所属情報	千葉県　千葉会所属
登録番号	千葉第912号
認定司法書士認定番号	第401572号
代表者	司法書士　菊地 裕文
所在地	千葉県成田市加良部6丁目5番地3

業務内容

- 相続・贈与・遺言
- 不動産の登記
- 設立・役員変更等の会社登記
- 債務整理
- 簡易裁判所での訴訟代理
- 成年後見

代表者プロフィール

代表 司法書士
菊地 裕文

略歴

1977年成田市生まれ。

成田高校卒業。

1999年上智大学法学部在学中に、司法書士試験に一発合格。

大学卒業後、千葉市の大手司法書士事務所で実務を学び、趣味が高じて沖縄宮古島に移住。

2004年きくち司法書士事務所を開設。現在に至る。


葬儀社、各市町村で、相続や遺言、成年後見に関する講演多数。

趣味

スキューバダイビング：
沖縄に移住したほど好きです
ゴルフ：
なかなかうまくなりません

司法書士法人コスモ（東京）

顧客目線で経験豊富な司法書士　東京駅徒歩３分

東京駅八重洲南口より徒歩３分。仕事帰りや外出帰りにも立ち寄りやすい場所に立地する。若くてフットワークが軽い司法書士と、実務経験豊富な代表司法書士がタッグを組んで相談者をサポート。説明のわかりやすさには定評があり、複雑な相続に関する相談や、トラブル予防の遺言、事後の登記手続きまで、一つひとつ丁寧に応える。予約があれば土曜日・日曜日でも対応可。初回は無料相談も実施している。

事務所名	司法書士法人コスモ（東京）
所属情報	東京司法書士会所属
登録番号	東京第000113号
代表者	司法書士　國井 憲一
所在地	東京都中央区八重洲2丁目6番21号 三徳八重洲ビル9階

URL http://www.cos-mo.jp
連絡先 03-6703-0044
FAX 03-6703-0041
E-mail info@cos-mo.jp
営業時間 8：50 ～ 17：50（月～金）

業務内容

- 相続登記・遺言
- 不動産の売買・贈与登記
- 不動産の担保権設定・抹消登記
- 商業登記
- 公正証書作成
- 裁判関係書類作成
- 各種契約書作成

代表者プロフィール

代表社員 司法書士
國井 憲一

略歴

1949 年東京生まれ。
1972 年法政大学法学部卒業後、同年、大和証券株式会社に入社。
1980 年司法書士試験合格。脱サラして 1981 年東京北千住で独立開業。
1988 年大学の同級生と共同事務所開設で東京池袋に事務所移転。
2007 年司法書士法人コスモに入社し現在に至る。
不動産・商業法人登記を中心とした登記業務歴 30 年以上。

趣味

映画鑑賞：DVD、BS スターチャンネル等、自宅での映画鑑賞
パソコン：映像ファイル編集等

司法書士法人　足立古宮事務所

安心と納得の相続に向けて全力でサポート

ＪＲ八王子駅から徒歩２分、京王八王子駅から徒歩４分にオフィスを構える。

特長は相続問題に関しての身近な相談センターとなるべくサポート体制を敷いている点。たとえば、法的な手続きには、さまざまな専門用語なども使用されるが、相談者が納得かつ安心して進められるよう、丁寧でわかりやすい言葉を用いて、どのような手続きになり、どれくらいの費用となるのかなどを具体的に説明する。なお、初回相談は無料。

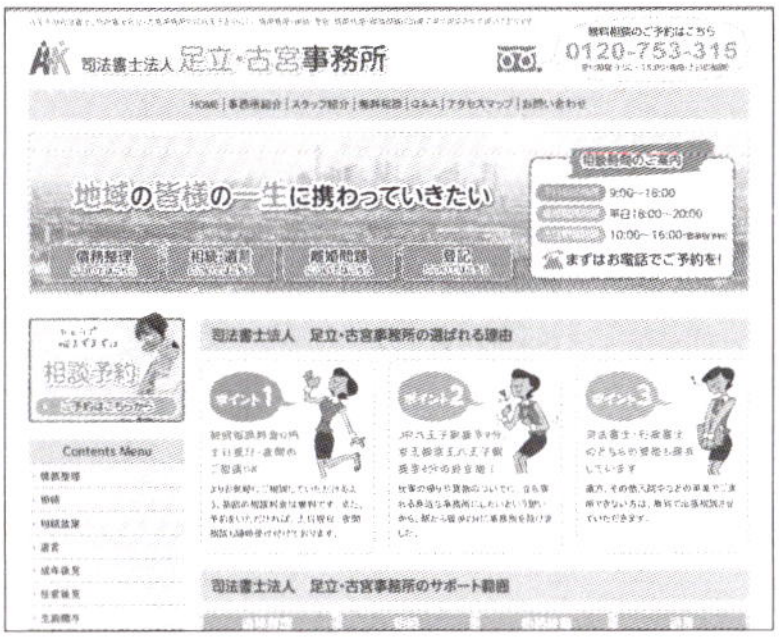

事務所名	司法書士法人　足立古宮事務所
所属情報	東京都　東京司法書士会所属
法人登録番号	第11-00237号
代表者	司法書士　古宮 努 司法書士　足立 直哉
所在地	東京都八王子市東町7番3号 マニュライフプレイス八王子7階

URL　http://www.ak-smile.com
連絡先　042-631-5755
FAX　042-631-5756
E-mail　toiawase@ak-smile.com
営業時間　9：00 ～ 18：00（月～金）
10:00 ～ 16:00（土日祝日 要予約）

業　務　内　容

- 相続登記・遺言
- 不動産の売買・贈与
- 抵当権の設定・抹消
- 会社法人登記
- 債務整理
- 過払い請求
- 裁判書類作成
- 公正証書作成

代表者プロフィール

社員 司法書士
古宮 努

略歴

1969年東京都生まれ。
1992年中央大学法学部卒業後、同年、都内の司法書士事務所に入所。2001年に司法書士試験合格。2002年八王子市にて古宮法務事務所（八王子なごみ法務事務所）を開設。2011年足立直哉司法書士事務所と合併し、司法書士法人足立古宮事務所を開設し、現在に至る。

2008年落語家桂茶がまに弟子入り。芸名は、柱茶柱。日本初の噺家な司法書士として講演も多数こなす。

趣味

落語を交えた『笑って！楽しく！シニアライフセミナー』の開催。仕事に追われ、稽古不足か…

ベストファーム東京司法書士法人

URL http://www.bestfirm.co.jp/
連絡先 0120-165-246
FAX 03-3261-5376
E-mail info@bestfirm.co.jp
営業時間 9：00 ～ 19：00

業務内容

- 相続手続き
- 遺言作成
- 成年後見手続き
- 死後事務委任
- 債務整理
- 過払い金返還請求
- 債権回収
- 商業・法人登記
- 不動産・測量登記

気軽に立ち寄れるコンビニ的存在で全国展開

「かかりつけの病院があるように、かかりつけの法律相談所があってもいい」というモットーで設立された司法書士法人の東京事務所。気軽に立ち寄れる「手続きコンビニ」と相続業務に特化した「相続相談プラザ」の２種類の事務所を全国に展開する。司法書士、土地家屋調査士、行政書士、測量士が複数在籍し、各種法的手続きを明確な料金体系でワンストップ（一ヵ所）で提供する。創業 20 年で培った、10,000 件を超える相談実績をもとに、相続のさまざまな手続きに関する無料相談会も随時開催している。

事務所名	ベストファーム東京司法書士法人
代表者	司法書士　斉藤 浩一
所在地①	東京都千代田区飯田橋4丁目7番1号RF-2 ロックビレイ3階
所在地②	埼玉県川越市旭町1丁目1番地21 ニュー旭ビルディング1階

代表者プロフィール

社員司法書士
斉藤 浩一

略歴

1960年生まれ。

1982年司法書士試験合格。

1984年土地家屋調査士試験合格。

1992年人口18,000人の福島県石川町に事務所を開設。

コンビニエンスストアのように気軽に利用できる法律事務所をコンセプトとし、大きな看板とガラス張りの路面事務所、最近では商業施設内のテナントとしての事務所展開を行い、業界初の試みとして士業全体から注目を集める。 現在、福島県内に３事務所、東京に３事務所、埼玉に１事務所の計7事務所を開設、従業員数約130名のベストファームグループの代表を務める。

趣味

士業事務所訪問

司法書士 高柳俊久事務所

相談実績500件以上 土日夜相談可 初回相談無料

地下鉄半蔵門線・都営新宿線の住吉駅から徒歩 10 分程の住宅街に立地。身近な問題を気軽に立ち寄って相談できる事務所だ。

税理士事務所との合同事務所であるため、相続登記や法律面だけでなく税務相談も一ヵ所で同時に行える点が特長。初回相談は無料で応じ、一人ひとりの相談者に対して最も適した総合的なサービスを提供してくれる。

事務所名	司法書士 高柳俊久事務所
所属情報	東京司法書士会所属
登録番号	東京第3070号
認定司法書士認定番号	第201063号
代表者	司法書士　高柳 俊久
所在地	東京都江東区海辺17番4号

URL http://www.tokyo-souzoku.com/
連絡先 03-3645-1688
FAX 03-3615-8190
E-mail info@taka-office.jp
営業時間 9：00 ～ 22：00（毎日）
※土日・祝日・夜間（18:00~22:00）は事前予約制

代表者プロフィール

代表 司法書士
高柳 俊久

略歴

1970 年東京生まれ。
1993 年法政大学法学部卒業。
1995 年司法書士試験合格。
1998 年東京都江東区において司法書士高柳俊久事務所を開設。
2004 年簡裁訴訟代理等関係業務認定。現在に至る。
役職等：東京司法書士会墨田・江東支部副支部長、東京司法書士会無料法律相談員、江東区役所無料法律相談員
相続、遺言、相続税、資産税等に関するセミナー講演多数。

趣味

読書、スポーツ（剣道３段、ボクシング）、アウトドア全般（釣り、ハイキング等）、温泉旅行

業務内容

- 相続・遺言のご相談
- 相続登記・贈与登記
- 遺言作成サポート
- 遺産整理業務
- 事業承継支援
- 相続税対策
- 不動産の売買
- 抵当権設定・抹消
- 会社設立・役員変更等
- 債務整理・過払い請求

司法書士法人　花沢事務所

URL http://www.souzokusodan.jp/
連絡先 0120-339-052
FAX 03-5220-6933
E-mail office_hanazawa@jp.bigplanet.com
営業時間 平日 9：00 ～ 19：00
※土日祝日も相談受付可能

業務内容

- 相続相談
- 遺言書の作成・遺言執行
- 相続不動産の名義変更
- 相続放棄
- 成年後見
- 債務整理
- 過払金請求
- 自己破産・民事再生
- 会社設立
- 会社登記

女性が持つキメ細かな気配りが最大の特長

代表の花沢先生をはじめ多くの女性スタッフがいるアットホームな事務所で、女性ならではのデリケートな問題も、ここでは共感しながら相談に乗ってもらえると定評がある。

また相談者の機微がわかるだけでなく、国家資格者としての経験や実績も豊富。特に相続の相談数は年間で300件を超えるなど、その信頼性の高さとサポート体制の充実度がうかがえる。

皇居の横にある丸の内事務所と横須賀の事務所は最寄駅からのアクセスも良いので、まずは無料相談を活用してみては。

事務所名	司法書士法人　花沢事務所
所属情報	東京司法書士会 神奈川県司法書士会
認定司法書士認定番号	第302037号
代表者	司法書士　花沢 良子
所在地①	東京都千代田区丸の内1丁目3-1 東京銀行協会ビル17階
所在地②	神奈川県横須賀市日の出町1丁目4番地12 中央ハイツ105

代表者プロフィール

司法書士
花沢 良子

略歴

6月2日生まれ・亥年・双子座。

1981年行政書士合格。

1982年司法書士合格 神奈川県にて独立開業。

2008年2月司法書士法人花沢事務所開設東京都港区に品川事務所オープン（現在、あんしん相遺言サポートセンター）。

2010年東京都丸の内に丸の内事務所オープン。


東京・神奈川を中心に個人や事業オーナーの相続、中小企業の事業承継をサポートし、解決。講演多数。

趣味

読書

フジ相続税理士法人 / 株式会社フジ総合鑑定

相続・不動産の独立系コンサルティング事務所

「『頼まれ事は試され事』の精神で、相続人の力強いパートナーになる」ことを経営理念に掲げる独立系コンサルティング事務所。相続・不動産に特化した、相続専門税理士、不動産鑑定士、司法書士等により構成されている。相談者の目線に立ったサービスを目指すため、NPO 法人「相続手続きサポートセンター」を設立。全国各地で相続に関する無料相談会やセミナー活動等を行っている。

事務所名	フジ相続税理士法人/株式会社フジ総合鑑定
所属情報	フジ相続税理士法人 東京税理士会四谷支部所属　第1238号 株式会社フジ総合鑑定 東京都不動産鑑定士協会 東京都知事（5）1249号 フジ総合司法書士事務所 東京司法書士会所属　第5110号
代表者	税理士　髙原 誠 不動産鑑定士　藤宮 浩
所在地	東京都新宿区新宿1丁目18番10号 2階

URL http://fuji-sogo.com
連絡先 0120-080-907
FAX 03-3350-1149
E-mail info@fuji-sogo.com
営業時間 8：45 ～ 18：00（月～金）

業務内容

- 相続税申告
- 相続税還付
- 各種税務相談
- 相続コンサルティング
- 不動産鑑定評価
- 不動産査定・調査
- 不動産コンサルティング
- 相続・贈与登記
- 法人設立登記
- その他不動産・法人登記

代表者プロフィール

代表社員 税理士
髙原 誠

略歴

2004 年税理士試験合格、翌年、税理士登録。2006 年税理士・吉海正一とともに「フジ相続税理士法人」を設立。NPO 法人「相続手続きサポートセンター」監査役。

趣味

料理、音楽鑑賞など

代表取締役 不動産鑑定士
藤宮 浩

略歴

1985 年日本大学法学部政治経済学科卒業。1987 年宅地建物取引主任者資格試験合格、1996 年不動産鑑定士試験合格、同年 3 月登録、2011 年ファイナンシャルプランナー試験（CFP）合格。フジ総合グループ代表。

趣味

マラソン、スキー、オートキャンプ、ワインなど

行政書士・司法書士事務所オーシャン

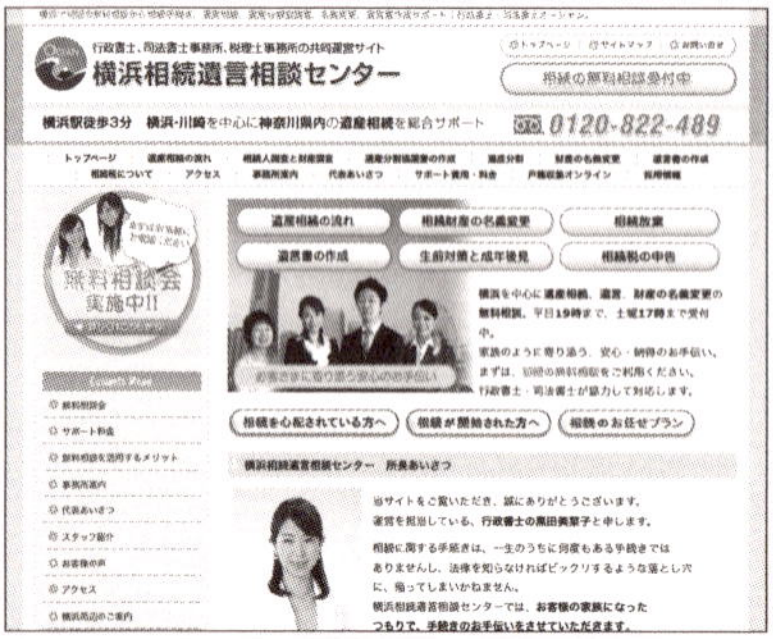

URL http://ocean-souzoku.com/
（相続・遺言サイト）

連絡先 0120-822-489
045-548-9172

FAX 045-548-9173

E-mail info@ocean.jpn.com

営業時間 9：30 ～ 19：00（月～金）
土曜日 10：00 ～ 17：00（要予約）

業務内容

- 相続手続き一式
- 相続不動産の名義変更
- 登記全般
- 成年後見の申立て
- 相続放棄の申立て
- 遺言書の作成・遺言執行
- 死後事務委任契約
- 財産管理契約
- 商業登記
- 裁判書類の作成

横浜駅から２分　初回無料の相談会も実施

横浜駅から徒歩２分の場所に立地し、平日は 20 時まで、土曜日も 17 時まで営業している。

相談者に対して「家族のように寄り添いお手伝い」を業務方針に掲げる通り、業務内容は手続きの代行はもちろん、相続に関する悩み事の相談まで幅広く対応、それぞれの問題に対して実績ある弁護士や税理士と連携しながら粘り強く解決に導く。

なお、遺産相続・遺言・財産の名義変更・成年後見に関する初回無料の相談会も開催している。

事務所名	行政書士・司法書士事務所オーシャン
所属情報	神奈川県行政書士会　所属 神奈川県司法書士会　所属
登録番号	行政書士　第11090687号 司法書士　第1717号
代表者	行政書士　黒田 美菜子 司法書士　山田 哲
所在地	神奈川県横浜市西区高島2丁目14番17号 クレアトール横浜5階

代表者プロフィール

所長 行政書士
黒田 美菜子

略歴

1979 年生まれ。中央大学法学部卒業。弁護士法人でパラリーガルとして約８年間勤務し、遺産相続から遺産分割、遺言の実務を学ぶ。2011 年行政書士事務所オーシャンを開業。月 20 件を超える相談業務を担当。

趣味

水族館巡り、温泉・スパ
座右の銘：我以外、皆師なり

所長 司法書士
山田 哲

略歴

1980 年生まれ。中央大学法学部卒業後、司法書士事務所と税理士事務所に勤務。2011 年秋に合流し、司法書士事務所オーシャンを開業。相続専門の司法書士として活躍。

趣味

読書（司馬遼太郎など）、音楽
座右の銘：為せば成る

司法書士・行政書士　上田佐久総合事務所

長野県上田・佐久エリアの相続問題をサポート

長野県の上田・佐久エリアを中心に遺産相続、遺言に関する総合的な支援をする「上田佐久相続遺言相談センター」を運営する。戸籍収集、相続財産の調査、遺産分割協議書の作成、法務局の申請など、特に初めて相続問題に直面した相談者にとっては煩雑かつ複雑な相続の手続きも丁寧に対応してくれる。初回の相続相談は無料だが、夕方や土曜日は予約が集中するため事前の電話予約が望ましい。

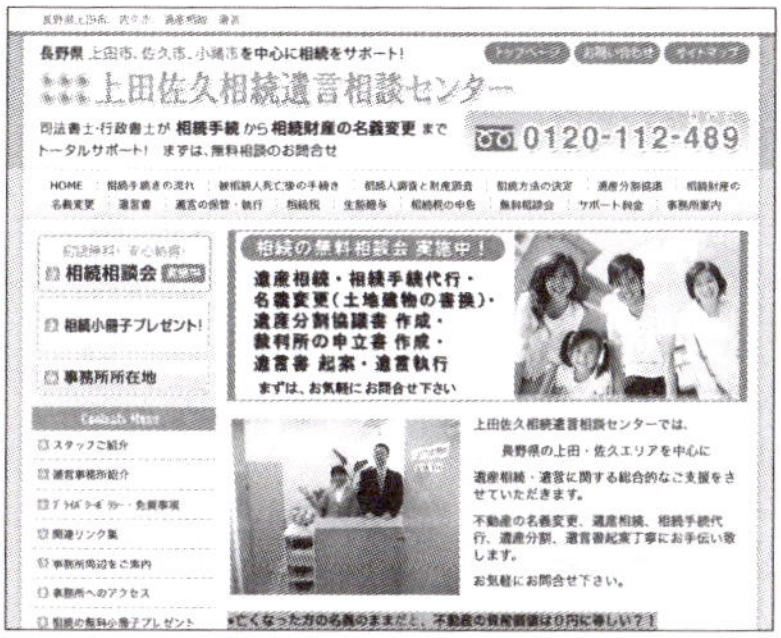

事務所名	上田佐久司法書士事務所 上田佐久行政書士事務所
所属情報	長野県司法書士会所属 長野県行政書士会所属
登録番号	司法書士　第706号 行政書士　第09151494号
認定司法書士認定番号	第801380号
代表者	司法書士・行政書士　塩川 洋昌
所在地	長野県上田市中央西1丁目15番34号 紺屋町ビル1階

URL　http://uedasaku.com/

連絡先　0120-112-489
0268-71-0485

E-mail　info@uedasaku.com

営業時間　10：00 ～ 19：00（平日）
※土曜・祝日の対応も可能
相談は要事前予約

業務内容

- 相続手続き一式
- 不動産の名義変更
- 不動産登記
- 成年後見の申立て
- 会社設立
- 遺言書の作成・遺言執行
- 商業登記
- 裁判書類の作成
- 債務整理

代表者プロフィール

司法書士・行政書士
塩川 洋昌

略歴

1989年3月長野県野沢北高等学校卒業。
1993年3月名古屋大学法学部卒業。
1995年11月日商簿記検定1級合格。
2002年9月日本将棋連盟初段免状取得。
2004年1月行政書士試験合格。
2008年11月司法書士試験合格。
2011年5月長野県司法書士会上田支部理事。
2011年6月SBCラジオに生出演。

長野県上田市を中心に遺産相続、不動産の名義変更を親身に対応します。

趣味

旅行（温泉）・グルメ・将棋

金沢みらい共同事務所

URL http://www.souzoku-help.net/
連絡先 076-251-5982
FAX 076-251-5981
E-mail info@kanazawa-mirai.net
営業時間 9：30 ～ 17：30（月～金）

各種相続手続きをワンストップで行える

司法書士・行政書士・税理士・社会保険労務士が、ひとつのフロアに集結した共同事務所。そのため、戸籍収集や遺産分割協議書の作成、相続不動産の名義変更、遺言書の検認、相続放棄、相続税の申告、遺族年金の受給手続きなど、相続に関連する各種の手続きをワンストップサービス（一ヵ所）で相談者に提供している点が特徴だ。また、毎月「相続遺言無料相談会」も開催している。

事務所名	金沢みらい共同事務所
所属情報	石川県司法書士会、石川県行政書士会所属
登録番号	石川第327号（司法書士） 第05230059号（行政書士）
認定司法書士認定番号	第518152号
代表者	司法書士・行政書士　森 欣史
所在地	石川県金沢市小金町8番16号　万石ビル3階

業務内容

- 相続人調査・関係図の作成
- 遺産分割協議書の作成
- 相続財産の名義変更・登記
- 相続放棄・期間伸長申立
- 遺言作成支援・検認申立
- 不動産登記（売買・贈与等）
- 会社・各種法人設立・登記
- 債務整理・過払金返還請求
- 成年後見・任意後見
- 公正証書・裁判書類の作成

代表者プロフィール

代表 司法書士・行政書士
森 欣史

略歴

1971年名古屋市生まれ。

1994年横浜国立大学経営学部卒。

1995年より名古屋市内の専門学校で常勤講師として勤務。

2005年金沢市内で行政書士事務所を開業。同年司法書士試験合格。

2006年司法書士登録。同年9月、税理士3名、社会保険労務士1名と共同で「金沢みらい共同事務所」を設立。個人や会社の税務・法務・労務の「ワンストップサービス」の実現を目指し、現在は特に相続関係業務に力を入れている。

趣味

読書：歴史小説、推理小説
音楽：いきものがかり、ZARD
TV：F1GP観戦歴24年

名波司法書士事務所

相続手続きを全体最適化　夜間・土日も応相談

「相続手続きにおけるお客様にとっての全体最適化」を理念に、相続問題を俯瞰的な視点から捉え、相談者にとってどのような方法を採るのが最適かを提案する。必要とあらば税理士などとも連携しながら、遺族間のトラブルが深刻にならないよう、過去に培ってきた豊富な事例などを参照し相談者を全力でサポートする。また、相続手続きにかかる費用からその期間まで、相談者のさまざまな疑問にも丁寧に対応する。さらに無料相談も用意している。

事務所名	名波司法書士事務所
所属情報	静岡県司法書士会所属
登録番号	第517号
認定司法書士認定番号	第108040号
代表者	司法書士　名波 直紀
所在地	静岡県浜松市南区参野町170番地の1

URL http://www.nanami-souzoku.com/
連絡先 0120-773-075
FAX 053-463-7040
E-mail info@office773.com
営業時間 9：00～18：00（月～金）
※夜間・休日応相談

代表者プロフィール

代表 司法書士
名波 直紀

略歴

1967年静岡県磐田市生まれ。1991年神奈川大学法学部法律学科卒業後、司法書士事務所勤務を経て、1995年に司法書士試験合格。1996年浜松市にて開業し、現在に至る。

「相続と遺言」、「知って得する財産管理」、「遺言書の書き方」、「相続トラブルとその対処法」、「今さら聞けない相続の話」等の相続を中心とした講演多数。

趣味

読書：ビジネス書、自己啓発書

業務内容

- 相続登記・遺言
- 不動産の売買・贈与
- 相続放棄申立
- 成年後見申立
- 任意整理・過払い請求
- 自己破産の申立・個人再生の申立
- 抵当権の設定・抹消
- 裁判書類作成
- 少額裁判の代理
- 会社登記

司法書士法人コスモ名古屋

URL　http://www.cos-mo.jp
連絡先　052-589-6825
FAX　052-561-6825
E-mail　info@cos-mo.jp
営業時間　9：00 ～ 18：00（月～金）

業務内容

- 相続登記・遺言・遺産分割協議
- 不動産の売買・贈与登記
- 不動産の住所変更登記
- 抵当権の設定・抹消登記
- 商業登記
- 各種契約書作成

名古屋駅から徒歩５分　相続のイロハを丁寧に指導

名古屋駅から徒歩５分の場所に立地。日常生活ではあまりなじみのない相続問題や、それに伴う法律用語など、わかりにくい相続にまつわる問題について相談者の親身になって対応している司法書士事務所。また、実際に相続が行われる際にはどのようなことに備えなければならないかなど、その心構えまでわかりやすく指導し、遺族間などで複雑かつ深刻なトラブルにならないよう、徹底的にサポートしてくれる点が魅力だ。

事務所名	司法書士法人コスモ名古屋
所属情報	愛知県司法書士会所属
登録番号	愛知第1465号
認定司法書士認定番号	第718045号
代表者	司法書士　森 満宏
所在地	愛知県名古屋市中村区名駅2丁目45番19号 桑山ビル4階

代表者プロフィール

代表社員 司法書士
森 満宏

略歴

1972年名古屋市生まれ。
1996年南山大学法学部卒業。
1999年司法書士試験合格。
2008年司法書士法人コスモ入社。
2011年司法書士法人コスモ名古屋を開設し代表就任、現在に至る。

趣味

スポーツ観戦：サッカー、野球等
読書：ミステリー等
DVD鑑賞

北海道
東北
関東・甲信越
中部
関西
中国・四国・山陰
九州

司法書士法人わかくさ総合事務所

顧客目線で難しい問題にも懇切、丁寧に対応する

名古屋駅の太閤南口徒歩２分の場所と、ＪＲ岡崎駅から徒歩１分という利便性に優れた２拠点にオフィスを構えている。モットーは、「お客様にとって身近な相談センター」で、相続に関する手続き、名義変更、難しい法律論などについて、どのような手続きになるのか、どれくらいの費用、あるいは期間がかかるのかなど、安心して相談できるようなサポート体制を敷いている。なお、初回の無料相談も用意している。

事務所名	司法書士法人わかくさ総合事務所
所属情報	愛知県司法書士会所属
登録番号	愛知第1241号
認定司法書士認定番号	第318224号
代表者	司法書士　田中 健一
所在地①	愛知県名古屋市中村区椿町18番22号 ロータスビル6階
所在地②	愛知県岡崎市羽根西1丁目7番地9　YKビル5階

URL http://www.souzoku-plaza.jp/
連絡先 0120-596-742
0564-51-6622
E-mail info@wakakusa.jp
営業時間 9：00 ～ 18：00

業務内容

- 相続手続き・遺言書作成
- 帰化申請
- 契約書作成
- 債務整理・過払い金請求
- 離婚手続き
- 不動産の売買・贈与
- 抵当権の設定・抹消
- 会社設立・役員変更
- 成年後見・任意後見

代表者プロフィール

代表 司法書士
田中 健一

略歴

2003 年司法書士試験合格。
2004 年簡易裁判所訴訟代理権認定試験合格。
2005 年岡崎市にて司法書士田中健一事務所開設。
2007 年現在地ＪＲ岡崎駅前に事務所移転。
2008 年わかくさ司法書士事務所に名称変更。
2011 年司法書士法人わかくさ総合事務所設立。
2011 年名古屋市中村区に名古屋事務所設置。

趣味

読書：司馬遼太郎、山崎豊子、隆慶一郎など
一人旅：遺跡、史跡、景勝地巡り

大阪相続サポートセンター（司法書士事務所　ともえみ）

URL http://www.osaka-souzoku.net/

連絡先 0120-637-762
06-6136-3302

FAX 06-6136-3435

E-mail info@osaka-souzoku.net

営業時間 9：00 ～ 19：00（毎日）

業務内容

- 相続手続・相続登記・遺産分割に関する業務
- 遺言作成に関する業務
- 成年後見に関する業務
- 相続放棄に関する業務
- 預金・株式などの解約・名義変更手続き
- 年金・保険などの解約・名義変更手続き
- 相続税・相続手続きプランニング
- 生前対策プランニング

相談実績 1,000 件以上、土日に無料相談も開催

大阪駅から徒歩３分の場所に立地。相続関連の相談では 1,000 件以上の実績と経験を持つほか、司法書士、行政書士、税理士、弁護士などの専門家ネットワークを駆使しながら、複雑かつ専門的で多岐にわたる相続問題の解決にあたる。その際、相談者の目線に立って、故人の意向と遺族の考えを汲み取った最適な提案をしてくれる。なお、初回相談は無料で、土日も相談に応じている。

事務所名	大阪相続サポートセンター（司法書士事務所ともえみ）
所属情報	大阪司法書士会所属
登録番号	第2622号
認定司法書士認定番号	第312455号
代表者	司法書士　山口 良里子
所在地	大阪府大阪市北区梅田1丁目11番4号 大阪駅前第4ビル12階

代表者プロフィール

代表司法書士
山口 良里子

略歴

1973 年大阪生まれ。
1999 年合格率 3％の司法書士試験に一発合格。
2005 年に現在の事務所開設後は一貫して「お客様の笑顔に全力を尽くす」をモットーとし、身近な街の法律家として活躍。2009 年大阪市きらめき企業賞受賞。
「ハッピーな相続実現のための３つのポイント」、「エンディングに携わる方のための相続入門」、「かんたん相続教室」など講演多数。

趣味

スーパー銭湯巡り、B級グルメ食べ歩き（特にたこ焼きが好きです）

司法書士法人おおさか法務事務所

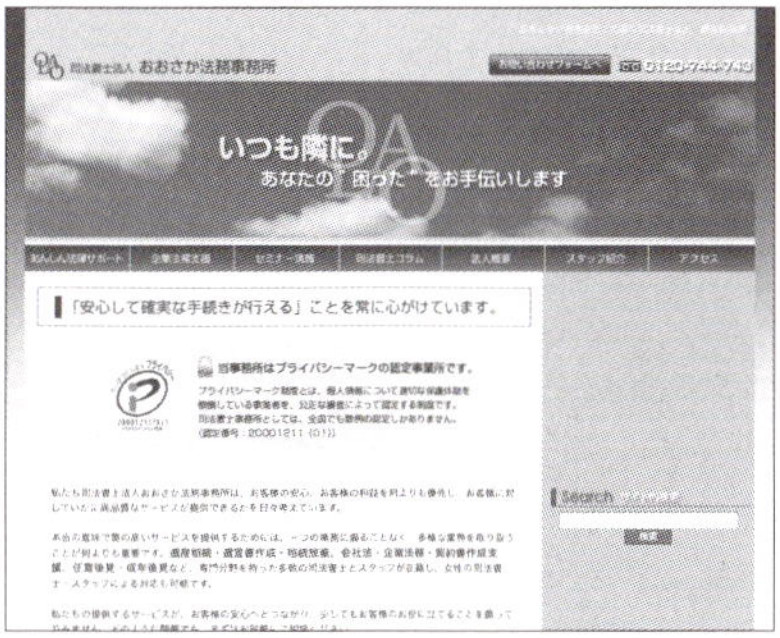

URL http://olao.jp/
連絡先 0120-744-743
06-6253-7707
FAX 06-6253-7708
E-mail info@osaka-legal-affairs.com
営業時間 8：00～21：00
※土日、夜間の相談にも可能な限り対応

新聞紙上で相続・遺言に関するコラムを連載

相続・遺言の手続きに詳しい専門家の集団として、東京から福岡まで、各地の金融機関や百貨店などで年間60講座以上を担当している。新聞紙上で相続・遺言に関する連載を持つなど、遺産相続や遺言書の手続きに関する相談者目線に立ったわかりやすい説明は各地で好評だ。また、個人情報保護の認証を正式に受けており、相談者が安心して相談ができる環境作りも整備されている。なお、女性特有の問題を抱えた際は、在籍する女性の司法書士による対応も可能だ。

事務所名	司法書士法人おおさか法務事務所
所属情報	大阪司法書士会所属
登録番号	大阪第28-00036号
認定司法書士認定番号	第612054号
代表者	司法書士　川原田 慶太
所在地①	大阪府大阪市中央区久太郎町2丁目5番28号
所在地②	大阪府八尾市本町2丁目3番6号
所在地③	兵庫県西宮市（平成24年5月開設予定）

業務内容

- 遺産分割の手続きのアドバイス
- 遺言書の作成
- 未成年、海外在住者の相続手続き
- 認知症などの人の手続き
- 借金を引継がないための手続き
- 相続分を侵害された時の手続き
- 土地・家屋の名義書き換え
- 不動産売買等の手続き
- 尊厳ある老後の準備サポート
- 法律トラブルの相談など

代表者プロフィール

代表社員 司法書士
川原田 慶太

略歴

1976年大阪府堺市生まれ。府立三国丘高等学校、京都大学法学部卒業。在学中に司法書士試験に合格し、2000年小嶋和彦司法書士事務所に入所。2002年かわらだ司法書士事務所を開設。2005年小嶋和彦司法書士事務所とかわらだ司法書士事務所を統合し、司法書士法人おおさか法務事務所を設立し、代表社員に就任。2009年に大阪市の司法書士法人第1号となるプライバシーマーク認証を取得し、現在に至る。

趣味

趣味：音楽鑑賞、読書、ワインの飲み歩き
尊敬する人物：児玉源太郎

司法書士法人コスモ大阪

土日の相談にも対応　自宅への出張サービスも用意

大阪駅桜橋口から徒歩５分、阪急・阪神・地下鉄梅田駅からも徒歩数分で、仕事帰りにも気軽に立ち寄れる場所に立地する。90 種近くもある数多い相続に関する手続きについて、相続問題を初めて抱えた相談者にわかりやすく丁寧に対応してくれるのが特長だ。また、事前に連絡すれば土曜・日曜にも相談可能。ケースによって、相談者の自宅まで出向く出張サービスもある。

事務所名	司法書士法人コスモ大阪
所属情報	大阪司法書士会所属
登録番号	大阪第00151号
認定司法書士認定番号	第412191号
代表者	司法書士　高田 昌幸
所在地	大阪府大阪市北区梅田2丁目5番2号 大阪新サンケイビル７階

URL http://www.cos-mo.jp
連絡先 06-6344-7510
FAX 06-6344-7515
E-mail info@cos-mo.jp
営業時間 8：50 ～ 17：50（月～金）
※土日祝日（要予約）

業務内容

■相続登記
■遺産分割・遺言の手続き
■成年後見手続き
■不動産の売買・贈与登記
■不動産の担保権設定・抹消登記
■商業登記
■債務整理・任意整理
■過払い請求
■公正証書作成
■各種裁判関係書類作成

代表者プロフィール

社員司法書士
高田 昌幸

略歴

大阪府出身。社会人時代、トラブルに巻き込まれたり、法律を知らないと損をすることがたくさんあることを知る。27 歳の時に、両親の反対を受けるも、受験３回以内に合格出来なければ諦めることを両親と約束し、司法書士試験合格を目指す。運良く受験２回目で合格。合格後、2004 年に司法書士法人コスモ大阪の前身である司法書士法人プロネックスに入所。司法書士法人コスモ大阪開設後は、社員として活動。現在に至る。

趣味

野球、ゴルフ
好きなスポーツ選手：松井秀喜、石川遼
応援している政治家：橋下徹

大阪府

髙田司法書士事務所

なかもず駅徒歩１分　土日も無料相談実施

なかもず駅徒歩１分の場所に事務所を構え、相談者の親身になり煩雑な相続手続きや遺族間のトラブル回避に全力で取り組む。相続に関する知識がまったくない相談者に対しても、懇切丁寧にどのような手続きが必要か、費用がどれくらいかかるか、どのくらいの期間がかかるかについて丁寧に説明してくれる。

なお、初回の相談は無料で応じ、土曜日曜祝日も相談に応じてくれる。

事務所名	髙田司法書士事務所
所属情報	大阪府司法書士会所属
登録番号	大阪第2476号
認定司法書士認定番号	第212087号
代表者	司法書士　髙田 剛
所在地	大阪府堺市北区中百舌鳥町5丁7番地 プレストなかもず1階

URL www.souzoku-walk.com
連絡先 0120-456-762
FAX 072-253-4568
E-mail takada-sihou@sakai.zaq.ne.jp
営業時間 9：00 ～ 19：00（月～金）
※土日祝日（要予約）

業務内容

- 遺言書の作成手続き
- 相続による不動産の名義変更
- 相続放棄の手続き
- 不動産の売買、贈与による名義変更
- 抵当権の設定、抹消手続き
- 後見手続き
- 借金問題・債務整理
- 過払い金請求
- 会社設立、商業登記
- 裁判書類作成

代表者プロフィール

代表 司法書士
髙田 剛

略歴

1969年大阪府生まれ。

1992年立命館大学経済学部卒業。

2001年司法書士試験合格。

2004年簡易裁判所訴訟代理権認定試験合格。

2005年髙田司法書士事務所開設し、現在に至る。

大阪、奈良、兵庫のシニア向け分譲マンションを中心に、相続手続き、遺言書の書き方、成年後見手続きに関するセミナーを多数実施している。

趣味

史跡めぐり
読書：歴史小説
スポーツ観戦：野球、サッカー、ボクシング

弁護士法人 大阪弁護士事務所

依頼者の意向に沿った遺言・相続をサポートする

淀屋橋駅徒歩8分の弁護士会館北隣、阪急梅田駅から徒歩2分の梅田ロフト南隣、大阪中心地に2拠点を事務所を構える。相続前の遺言から相続後の諸手続きまで、相続全般をサポートし、税理士や司法書士などと提携しながら、弁護士の知識権限をフル活用して、親身に支援する。具体的には「公正証書遺言」「遺言執行」、正確で円滑な「相続諸手続き」、「遺留分減殺請求」での取り分確保、負の遺産（借入）から解放する「相続放棄」などをサポートする。無料相談も用意している。

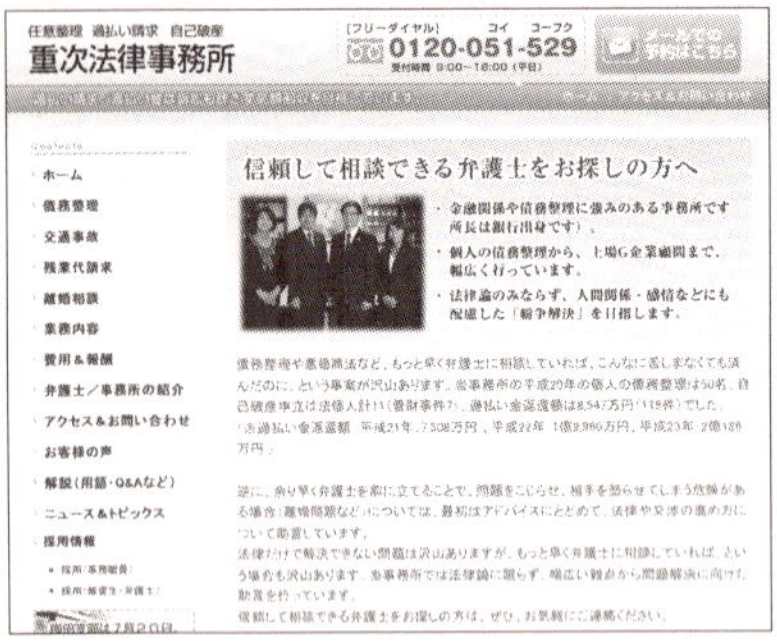

事務所名	弁護士法人 大阪弁護士事務所
所属情報	大阪弁護士会所属
弁護士法人届出番号	第435号
代表社員弁護士登録番号	33788
代表者	弁護士　重次 直樹
所在地①	大阪府大阪市北区西天満1丁目11番20号 イトーピア西天満ソアーズタワー2103号
所在地②	大阪府大阪市北区茶屋町8番21号 ジオグランデ梅田2506号

URL http://www.shigetsugu-law.com/
連絡先 06-6361-0005
0120-051-529（来い幸福）
FAX 06-6361-0006
E-mail shigetsugu@osaka-law.jp
営業時間 9：30 ～ 17：30

代表者プロフィール

代表社員 弁護士
重次 直樹

略歴

1963年山口県生まれ。大阪府立高校、東京大学法学部卒業後、大手都市銀行に12年余り勤務。

融資・外為・調査・広報・JVなどを担当し、相続・事業承継の案件を経験。退職後、大阪弁護士会に登録、2007年独立して重次法律事務所を開業。2009年に弁護士法人大阪弁護士事務所を設立。金融ビジネス経験を活用して個人案件から上場G企業顧問まで対応。幅広く一般個人の法律相談を受け付けて多数の事件を扱う。

趣味

読書・語学・インターネット関係
ショッピング・美術画廊めぐり・もの書き・サイクリング・仕事

業務内容

- 遺言・相続
- 一般民事全般・法律相談
- 内容証明・公正証書等作成
- 民事訴訟・調停・審判
- 債務整理・破産再生・過払い請求
- 交通事故
- 離婚・男女問題
- 企業顧問
- 不動産法務
- デリバティブ被害

佐野哲也行政書士事務所（田中合同事務所内）

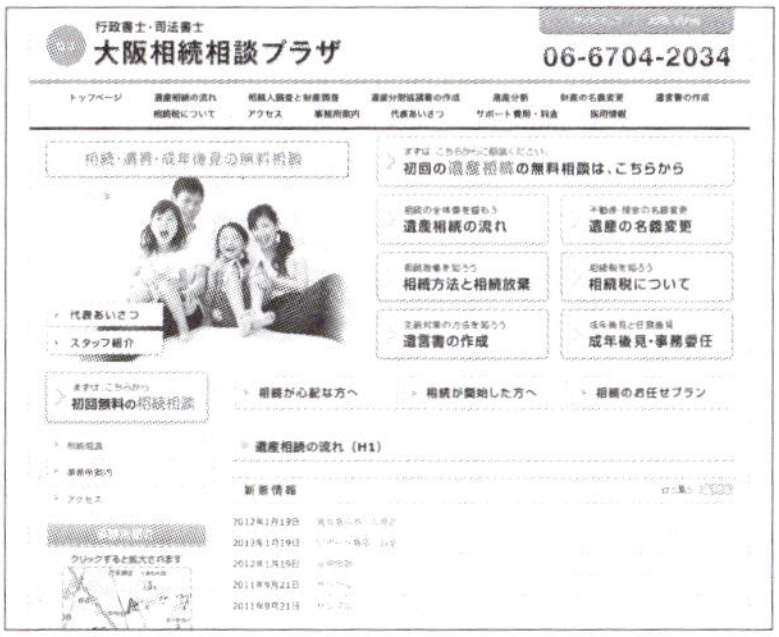

URL http://osaka-souzoku.info/
連絡先 06-6704-2034
FAX 06-6704-0762
E-mail info@office-sano.com
営業時間 8：30～18：00（月～金）

行政書士、司法書士、土地家屋調査士の合同事務所

昭和 30 年に開設されてから現在で３代目となる老舗の事務所。司法書士と土地家屋調査士との合同事務となっているほか、税理士、弁護士などとも提携。このため、とくに不動産が関係する相続、遺言に関する相談者の問題解決に定評がある。これまで培ってきた長い経験と知識を活かし相談者を強力にバックアップしてくれる。
また、初めての来訪者にもアットホームと感じさせる事務所の雰囲気も魅力だ。

事務所名	佐野哲也行政書士事務所（田中合同事務所内）
所属情報	大阪府行政書士会所属
登録番号	第03260805号
代表者	行政書士　佐野 哲也
所在地	大阪府大阪市東住吉区西今川3丁目22番14号

業務内容

- 相続手続き
- 遺産整理
- 遺言書作成サポート
- 遺産分割協議書作成
- 成年後見
- 契約書作成
- 公正証書作成サポート

代表者プロフィール

代表 行政書士
佐野 哲也

略歴

1970 年大阪府生まれ。
1994 年大学卒業後、一般企業の企画室に就職。
1999 年田中合同事務所に入所（父・司法書士、叔父・土地家屋調査士との合同事務所）
2003 年行政書士登録、事務所を開設。

相続、遺言業務を多数受任。

成年後見専門の NPO に所属し、成年後見人としての受任件数も多い。成年後見に関する講演多数。

宅地建物取引主任者、ファイナンシャルプランナー。

趣味

ゴルフ、テニス、球技大好き
最近始めたジョギング
旅行、お笑い鑑賞、ボウリングなど

岩田志郎税理士事務所

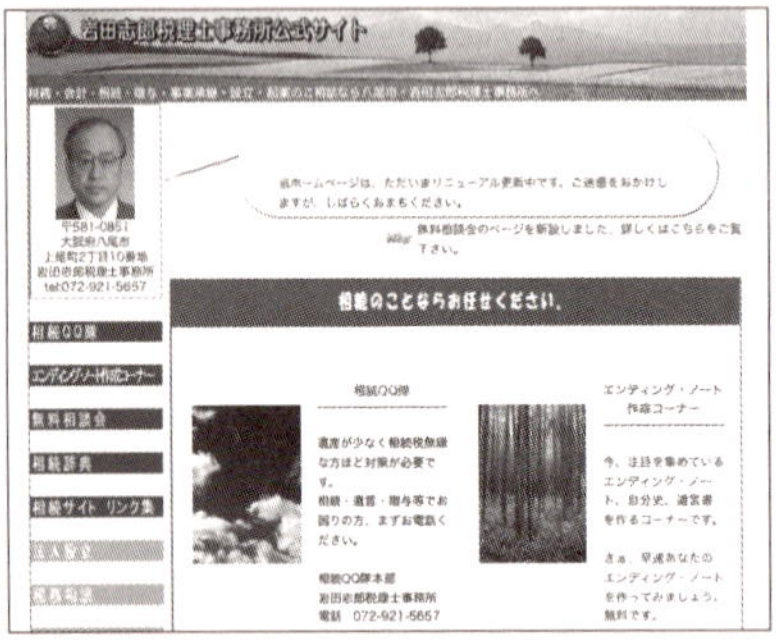

URL http://www.eonet.ne.jp/~office-i/

連絡先 072-921-5657

FAX 072-998-9636

E-mail i_sogo@gaia.eonet.ne.jp

営業時間 9：00 ～ 18：00（月～土）

業務内容

- 税務代理・相談
- 税務書類の作成
- 会計事務・記帳代行
- 相続・贈与・遺言
- 成年後見
- 遺産分割協議書
- 相続シミュレーション
- 相続に関する専門家のコーディネート（相続QQ隊）
- ライフプランの作成
- 生涯節税プランニング

相続の駆け込み寺を目指す税理士事務所

相談者にとって相続の駆け込み寺となることを目指すべく、豊富な相談員経験と充実したネットワークを資本に、税理士、弁護士、司法書士等の専門家と連携した「相続ＱＱ隊」を結成。「相続ＱＱ隊」を活用することで、相談者は相続税のほか相続に関する幅広い問題解決の提案をワンストップサービス（一ヵ所）で享受できる。

なお、毎週木曜日は「相続ＱＱ隊　無料相談日」を設けている。

事務所名	岩田志郎税理士事務所
所属情報	近畿税理士会　八尾支部所属
登録番号	日本税理士会連合会登録 第113808号
代表者	税理士　岩田 志郎
所在地	大阪府八尾市上尾町2丁目10番地

代表者プロフィール

代表 税理士
岩田 志郎

略歴

1947年生まれの団塊世代。

専修大学卒業後、税理士受験誌「税経セミナー」編集担当、東京の大手会計事務所勤務を経て、大阪市内の郵便局で27年間局長を務め、59歳で退官。

相続に関する相談員、セミナー講師等多数経験。

八尾市にて税理士事務所を開設。

大阪経済法科大学　経済学部講師。

相続ＱＱ隊　隊長。

困りごと相談センター副会長。

民生委員・児童委員　八尾市担当。

趣味

過去：少林寺拳法、トライアスロン
現在：ウォーキング、気功

兵庫県

税理士法人 芦田合同会計事務所

創業40年　年間300件以上の問題を解決

創業40年、所員数40名で主に神戸・三宮を中心に相続手続き、相続税申告、遺言書作成などをサポート。
「神戸相続サポートセンター」を設け、数多くの相談に対応している。その実績の高さから、テレビ番組の相続相談コーナーへの相続問題に関する情報提供なども行っており、各方面から厚い信頼を得ている。

事務所名	税理士法人 芦田合同会計事務所
所属情報	近畿税理士会 所属
登録番号	第936号
代表者	税理士・行政書士　荒木 敬雄
所在地	兵庫県神戸市中央区江戸町85番1 ベイ・ウイング神戸ビル14階

URL http://www.kobe-souzoku.com/
連絡先 0120-953-720
FAX 078-393-4001
営業時間 10：00～20：00（平日）
※夜間土日も相談可（要予約）

業務内容

- 相続税の申告
- 相続手続き一式
- 相続財産の名義変更
- 任意後見契約の作成
- 遺言書の作成・遺言執行
- 死後事務委任契約
- 贈与税の申告
- 相続財産の評価・調査
- 事業承継

代表者プロフィール

所長 税理士・行政書士
荒木 敬雄

略歴

大学卒業後、TKC会計事務所を経て（株）総合経理研究所（芦田合同会計事務所グループ会社）に入社。医院・中小企業の税務業務・財務コンサルティング業務、医院開業支援、リスクマネージメント部、業務リーダーに従事。

「笑う！大相続セミナー＆個別無料相談会」を開催するなど、わかりやすく楽しめる情報提供を行っている。

趣味

ゴルフ、ドライブ

やまだ司法事務所

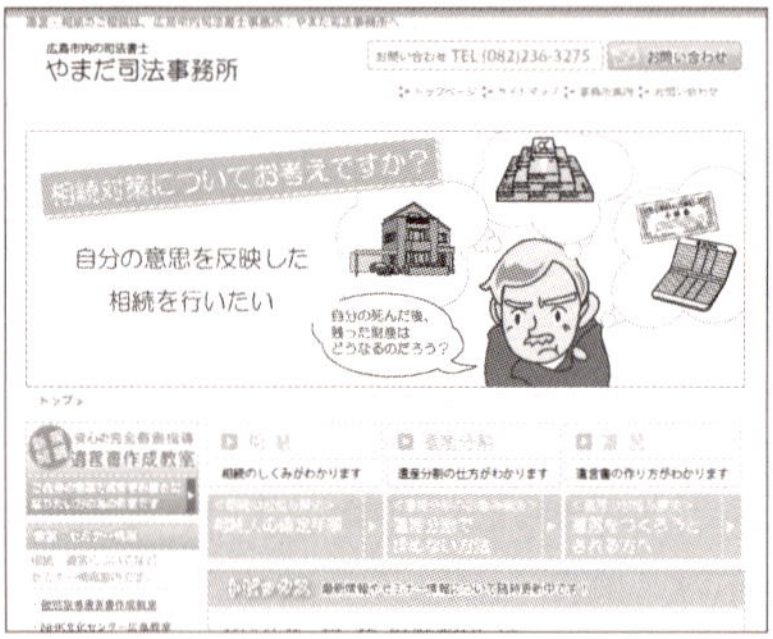

一期一会をモットーに　誠心誠意で問題に対応

開業以来、片親違いの子供同士の遺産分割や、相続人が行方不明・認知症で遺産分割できない事例など、さまざまな「難解」事案の相談にも取り組んできた実績を誇り、特に揉めがちな不動産の相続に強いのが特徴だ。

費用、手続き方法などは、数多ある相続手続きのメニューから、相談内容に適した解決方法をいくつか選択し、メリットとデメリットを説明したうえで、相談者が納得できるメニューを提案してくれる。相談者宅への出張相談にも対応している。

事務所名	やまだ司法事務所
所属情報	広島司法書士会所属
登録番号	第0849号
認定司法書士 認定番号	第624022号
代表者	司法書士　山田 陽介
所在地	広島県広島市中区立町1丁目22 ごうぎん広島ビル8階(東急ハンズ 向い)

URL http://shiho-yamada.com/
連絡先 082-236-3275
FAX 082-236-3276
E-mail shiho-yamada@room.ocn.ne.jp
営業時間 9：00 ～ 18：00（月～金）
※土日祝　事前予約により相談可

業務内容

- 相続登記
- 遺言書の作成援助
- 相続放棄手続
- 住宅ローンに関する登記
- マイホームに関する登記
- 休眠担保、名義人行方不明の登記に関する手続き
- 不動産の売却・購入・任意売却の登記手続き
- 成年後見申立
- 家庭裁判所書類の作成
- 各項目の相談、セミナーの開催

代表者プロフィール

代表 司法書士
山田 陽介

略歴

1973年広島市生まれ。1995年広島修道大学商学部卒業。卒業後10年間バス会社勤務を経て、2006年に司法書士試験合格。2007年司法書士山田陽介事務所開業。2009年現在の場所に事務所移転、やまだ司法事務所と改称し、現在に至る。

『わかりやすい相続と遺言のしくみ』（主催：NHK文化センター）、『個別指導遺言書作成教室』などの相続を中心としたセミナー多数。

趣味

ゴルフ（夏）、スキー（冬）
育児：娘2人の遊び相手
読書：評論、歴史物

中尾泰雅行政書士事務所

相談者のニーズに合った手続き方法を提案する

過去の豊富な相談実績をもとに、相続に関する手続きが相談者にとって安価かつスムーズに行われる方法を提案する。各手続きについてコースを設けており、そのコースごとの料金が明確なので、相談者が自分の都合や予算に合ったものを選んで、最適なサービスを受けられる点が特徴だ。また、出張相談を行っていることをはじめ、メールやホームページからでも問い合わせ可能なので、地域を問わず相談できる。

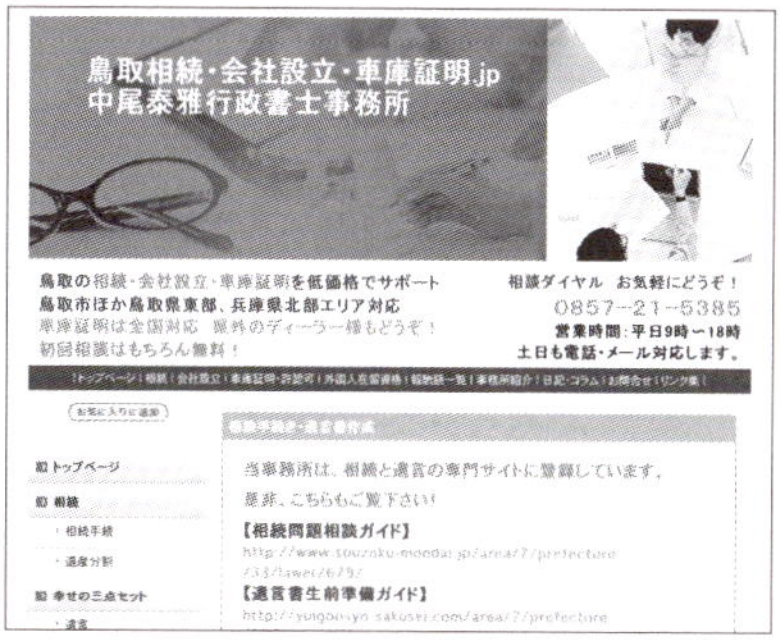

事務所名	中尾泰雅行政書士事務所
所属情報	鳥取県行政書士会所属
登録番号	第09311206号
代表者	行政書士　中尾 泰雅
所在地	鳥取県鳥取市吉方温泉一丁目620-3 伊藤ビル305号

URL http://www.nakao-as.jp/
連絡先 0857-21-5385
FAX 0857-30-1386
E-mail yasumasa@nakao-as.jp
営業時間 9：00 ～ 18：00（平日）
※休日は電話・メール対応

業務内容

- 相続手続き
- 遺言書作成
- 法人設立
- 許認可申請
- 車庫証明
- 契約書作成

代表者プロフィール

代表 行政書士
中尾 泰雅

略歴

1958年鳥取県生まれ。同志社大学法学部法律学科卒業。前鳥取市役所職員。在職中、生活保護行政に携わり、市民の暮らしの相談を数えきれず受ける。

2009年鳥取市にて中尾泰雅行政書士事務所を開設。

豊富な相談実績を活かし、相続セミナーの開催、無料相談などを通じて市民の相続問題に取り組んでいる。

申請取次行政書士。

著作権相談員。

趣味

ヨーガ教師。ヨーガ教室を主宰し、ヨーガの実践と普及啓発を図ること

高松相続遺言相談センター（安田総合事務所内）

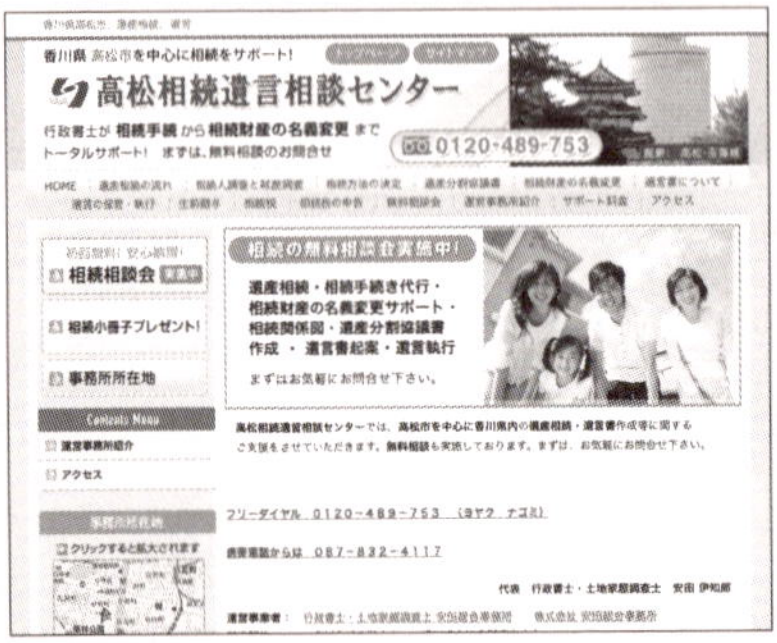

香川県内の相続・遺言手続きに対応する

高松市の中心部、名勝栗林公園の近くに事務所を構える。相続問題に悩んでいる相談者はもちろん、これから発生するであろう相続問題に備えたい相談者まで、幅広く相談に応じる。

日ごろ馴染みの薄い相続問題を身近な問題として捉えられるよう、相続手続きに関する相談会を開いており、まったく知識がなくても気軽に事務所に立ち寄りやすい。

事務所名	高松相続遺言相談センター（安田総合事務所内）
所属情報	香川県行政書士会　高松支部
登録番号	第657号
代表者	行政書士・土地家屋調査士　安田 伊知郎
所在地	香川県高松市中野町1番28号　丸尾ビル2階

URL http://takamatsu-souzoku.jp/

連絡先 0120-489-753
087-832-4117

FAX 087-862-4107

E-mail office@ysd-pdca.com

営業時間 9:00 ~ 17:00（土日祝祭日を除く）

業務内容

- 遺産相続手続き
- 建設業許可
- 会社設立
- 各種許可申請
- 測量登記
- 不動産仲介
- ISO取得支援
- Pマーク取得支援
- 経営コンサルティング

代表者プロフィール

行政書士・土地家屋調査士
安田 伊知郎

略歴

1959年香川県高松市生まれ。

1982年香川大学経済学部卒業後、高松市役所、飯間・王尾合同事務所に勤務。1999年独立、安田総合事務所開業、現在に至る。行政書士、土地家屋調査士。

地域密着の「高松相続遺言相談センター」を運営。士業の連携に加え、法人組織で不動産業も営み、ワンストップサービスで依頼者の期待に応える。南船北馬でISO審査も多数こなす異色の経歴。

趣味

旅行、読書（最近はハウツー物が多い。野口悠紀雄。大前研一）
スポーツ：スキー、テニス、水泳

進藤裕介司法書士事務所

URL http://www.souzoku-shikokuchuo.com/

連絡先 0800-200-7374

FAX 0896-72-6181

E-mail y-sindo@office-shindo.com

営業時間 平日８：30～18：30
土曜９：00～13：00（要予約）

愛媛・四国だけでなく全国からの相談に対応する

たとえば「相続財産は愛媛にあるが、親族が東京など遠方に住んでいる」といったケースなどにも郵送などを活用して細やかに相談者をフォローする体制を構築している。また、初回の相談に関しては無料で応じるほか、事務所に訪問すれば、相続に関する小冊子の提供や、個別に相続関係説明図や相続スケジュール表を無料で作成するサービスも用意している。

事務所名	進藤裕介司法書士事務所
所属情報	愛媛県司法書士会所属
登録番号	第525号
認定司法書士認定番号	第326073号
代表者	司法書士　進藤 裕介
所在地	愛媛県四国中央市妻鳥町2070番地1

業務内容

- 相続登記（不動産の名義変更）
- 相続放棄
- 遺言書の作成・遺言執行
- 成年後見
- 会社設立
- 商業登記
- 債務整理

代表者プロフィール

司法書士
進藤 裕介

趣味

ゴルフ

略歴

1998年12月宅地建物取引主任資格試験合格。1999年11月日商簿記検定３級、２級合格。2002年１月行政書士試験合格。2002年２月日本ファイナンシャルプランナーズ協会　AFP試験合格。2002年12月日本ファイナンシャルプランナーズ協会　CFP試験　金融資産運用設計、不動産運用設計、相続・事業承認設計科目合格。2003年１月行政書士として登録・開業。2003年12月日本ファイナンシャルプランナーズ協会　CFP試験　リスクと保険、ライフリタイアメントプランニング科目合格。2004年１月司法書士として登録・開業。
※現在、FPの登録はしていない。

司法書士法人コスモ福岡

博多駅から徒歩３分　電話、初回相談は無料

博多駅筑紫口から徒歩３分に立地し、買い物途中や仕事帰りなどに気軽に相談できる。相続手続きと聞いて「難しい」「時間がかかる」といったイメージ払しょくするべく、相談者にとってわかりやすい説明と丁寧な対応を心がけている。直接、事務所に相談することに抵抗のある相談者には電話での無料相談でサポート。どのような手続きになるのか、どれくらいの費用となるのか、どれくらい期間がかかるのか、など丁寧に回答してくれる。なお、実際に事務所を訪ねての相談も初回は無料となる。

事務所名	司法書士法人コスモ福岡
所属情報	福岡県司法書士会所属
登録番号	福岡　第1481号
認定司法書士 認定番号	第812075号
代表者	司法書士　福田 謙一
所在地	福岡県福岡市博多区博多駅東2丁目5番19号 サンライフ第3ビル6階

URL http://www.cos-mo.jp
連絡先 092-483-0071
FAX 092-483-0061
E-mail info@cos-mo.jp
営業時間 9：00 ～ 18：00（月～金）
※土日祝も対応（要予約）

業務内容

■相続登記・遺言
■不動産の売買・贈与登記
■抵当権の設定・抹消登記
■会社設立・役員変更登記
■債務整理・過払い請求
■公正証書作成
■裁判書類作成
■消費者問題
■各種契約書作成　など

代表者プロフィール

代表社員 司法書士
福田 謙一

略歴

1978年新潟県生まれ。愛知県育ち。

他業種から転身し、土地家屋調査士事務所、司法書士事務所勤務を経て2005年行政書士試験、2008年司法書士試験合格。同年司法書士法人コスモ入社。2010年グループ法人化に伴い司法書士法人コスモ福岡を設立、代表に就任し、現在に至る。

趣味

読書、筋トレ、食べること

あかつき法律事務所

熊本駅徒歩6分　明瞭な料金設定で丁寧・迅速に対応

「地域貢献」という理念のもとに、平成20年に開設した熊本駅から程近い弁護士事務所。若い職員が多く、若さならではの情熱と誠実な対応がモットー。相談者から「頼んでよかった」の一言をもらえるような対応を心がけており、質の高いリーガルサービスには定評がある。各スタッフの親身な対応を身近に感じながら、友人や家族にも相談できない相続に関する悩みを気軽に相談できる雰囲気も魅力だ。

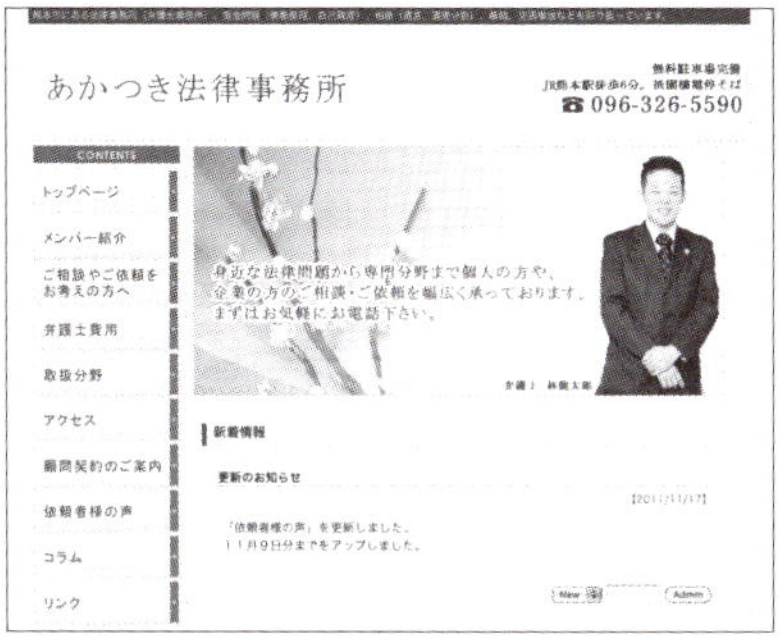

事務所名	あかつき法律事務所
所属情報	熊本県弁護士会所属
登録番号	32353
代表者	弁護士　林 龍太郎
所在地	熊本県熊本市細工町5丁目28番1号 伊藤ビル2階（無料駐車場完備）

URL http://www.akatukilaw.com/
連絡先 096-326-5590
FAX 096-326-5591
E-mail 非公開（顧問先等に限り公開）
営業時間 9：00～18：30（平日）
※土曜、平日夜間は応相談

業務内容

- 不動産関係（賃料請求・明渡し・売買・境界など）
- 売掛金・貸金請求
- 労働問題全般
- 企業法務・株主総会指導
- 交通事故（人身事故）
- 任意整理・破産・民事再生
- 離婚・婚姻費用分担・親権
- 相続・遺言・遺産分割
- 成年後見
- 刑事事件

代表者プロフィール

所長 弁護士
林 龍太郎

略歴

1972年12月15日生まれ。徳島県出身。広島大学大学院社会科学研究科中退。2002年司法試験合格。2004年熊本県弁護士会入会。勤務弁護士を経て、2008年あかつき法律事務所を開設し、現在に至る。

（社）熊本青年会議所、（公財）日弁連法務研究財団、日本経営実務法学会、（一社）日本マンション学会、日本保険学会、熊本県中小企業家同友会などに所属。

趣味

旅行：国内外問わず
テニス、将棋、読書、温泉巡り

司法書士・行政書士　首藤康夫事務所

大分県内にある地元密着型の事務所

大分市役所から徒歩5分、府内城の真横にある事務所。相談室から見える府内城とお堀の景観美が訪問者からも好評だ。地域の事案に明るいため、相続した不動産の名義変更や遺産相続の手続き、遺言書の作成、成年後見など、大分県内の地域や相談者に見合った解決方法を提案してくれる。

遺産相続に関する無料相談会も実施しており、筋道をわかりやすく説明してくれると定評がある。問い合わせが集中することもあるため事前の電話予約が望ましい。

事務所名	司法書士・行政書士　首藤康夫事務所
所属情報	大分県司法書士会　所属 大分県行政書士会　所属
登録番号	司法書士　大分第283号 行政書士　第98446286号
認定司法書士認定番号	第232041号
代表者	司法書士・行政書士　首藤 康夫
所在地	大分県大分市城崎町2丁目1番9号 城崎MKビル3階

URL http://www.oita-souzoku.jp/
（相続・遺言サイト）
連絡先 0120-301-489
097-535-2330
FAX 097-535-2349
E-mail shys@shutolegal.jp
営業時間 9：00～18：00（月～金）
※土曜日・18時以降は、
事前予約のみ対応

業務内容

- 相続手続き一式
- 相続不動産の名義変更
- 登記全般
- 成年後見の申立て
- 相続放棄の申立て
- 遺言書の作成・遺言執行
- 死後事務委任契約
- 財産管理契約
- 商業登記
- 裁判書類の作成

代表者プロフィール

代表 司法書士・行政書士
首藤 康夫

略歴

大分県立大分舞鶴高等学校卒業。高知大学文理学部卒業。民間の金融機関を経て1986年12月司法書士登録、1998年2月行政書士登録。

法律学を体系的に、そして深く学ぶため中央大学法学部通信教育課程に入学し、2005年9月卒業。

同年11月、事務所名称をシュトウ リーガル リライアンスと登録。

あたたかくて頼り甲斐のある事務所を目指している。

趣味

少林寺拳法二段、読書、演劇鑑賞、農業
将来は、きちんとした野菜作りを学ぶことを希望

弁護士法人　兒玉総合法律事務所

URL http://www.kodama-law-office.com/

連絡先 0985-65-3022

FAX 0985-22-1202

営業時間 9：00 ～ 18：00（月～金）
9：00 ～ 12：00（土曜日 予約制）

業務内容

- 相続・遺言紛争解決
- 遺言書作成サポート
- 交通事故被害者の相談
- 過払金返還請求
- 任意整理・破産・再生など
- 企業法務全般
- 債権回収・労働紛争解決など
- 悪徳商法被害者の相談
- 金融商品被害の予防や回復
- 離婚事件

困り顔の相談者を笑顔にするために誠心誠意対応

「相談を受ける際、弁護士として接する前に、まずひとりの人間として相手の悩みに接する心構えを最も大切する」という考えのもとに、相談者の立場を考えた問題の解決方法を提案する弁護士事務所。

相談者の個人的な考えや意見も貴重な要望として日々の業務の改善につなげ、その対応の良さには定評がある。また、相談者が抱える相続問題に対してどのような手続きが必要なのか、どれくらいの費用になるのかを事前に一つひとつ丁寧に説明してくれるのはうれしい。

事務所名	弁護士法人　兒玉総合法律事務所
所属情報	宮崎県弁護士会所属
登録番号	宮崎県第32639号
代表者	弁護士　兒玉 博信
所在地	宮崎県宮崎市瀬頭2丁目3番21号

代表者プロフィール

代表 弁護士
兒玉 博信

略歴

1972年7月6日生。

1996年中央大学法学部卒業。

2006年弁護士登録（登録32639号）。

2007年独立。兒玉総合法律事務所を設立。

2009年事務所を法人化し、「弁護士法人兒玉総合法律事務所」に組織改編。以後、宮崎でもっとも信頼される事務所を目指して、数多くの紛争解決に努めている。

趣味

ドライブ、人を笑顔にすること

おわりに

2006年8月に私の父親は肺がんで亡くなりました。お通夜、葬儀の手配、関係者への連絡など慌しく雑事に追われ、ゆっくりと故人の死を悼《いた》む暇もありませんでした。ようやく落ち着き、遺品の整理をしながら私は気づきました。父親のことを自分はどれほど知っていたのだろうか？

父の人生、想い、夢、そして父が大切にしてきたこと……。

生前に親子の会話が少なかったことを悔やみました。

人生で築く財産には、お金や不動産などの経済的なものだけでなく、友人・知人など人的なものや本人の経験や智恵など精神的なものがあります。相続といえば遺産相続、つまり経済的財産に関心が偏りがちですが、人的財産や精神的財産も一緒に引き継いでいくのが幸せな相続だと思います。戦後の核家族化によって、親世帯と子世帯が別居して暮らしている家庭が多くなり、親子のコミュニケーション不足が心配な方もいらっしゃるかもしれません。

可愛い子供には「財産」よりも「言葉」を残そう。

「財産」は使ってしまえばそれで終わりですが、「言葉」はいつまでも残された人々の心に生き続けることでしょう。

生きている間に、親が子に伝えたかったこと、子が親から聞いておきたかったこと……。これらの想いを、遺言として残しておくことは家族や子孫にとって大変役立つことです。相続はそれぞれの家庭ごとにさまざまな諸問題を抱えています。遺言は、仲の良い子供たちが相続問題で争わないようにするための有効な手段です。

「遺言なんて縁起でもない」「遺言なんて先のこと」「遺言を残すほどの財産はない」と思っておられる方も、元気な今のうちだからこそ円満な相続のために準備しておくことをおすすめします。本書の巻末では、相続コーディネーターがおすすめする全国の士業事務所もご紹介しています。

毎月15日を遺言《いごん》の日として、自分の人生を振り返り家族や子供たちへの想いを再確認する時間をお持ちください。

本書が少しでも、そのお役に立つことができましたら大変幸いです。

電子遺言バンク株式会社　代表取締役　藤田昌三

■著者

黒田 泰（くろだ・ひろし）

相続コーディネーター、一般社団法人いきいきライフ協会代表理事。1978年、埼玉県生まれ。法政大学を卒業後、大手経営コンサルティング会社にて行政書士・司法書士・税理士の専門コンサルティングに取り組み、相続・遺言・成年後見の専門事務所の立ち上げを支援。こうした取り組みの中で、遺産相続関連業務における業務品質と接客・サービスの向上に努め、支援先の士業事務所がテレビ取材を受けるなど、地域密着型の士業事務所をプロデュースしてきたパイオニア的な存在。現在は一般社団法人いきいきライフ協会を設立し、全国の行政書士・司法書士・税理士と連携して、遺産相続のサポートに従事している。

■監修者

松本 素彦（まつもと・もとひこ）

弁護士、弁護士法人サガミ総合法律事務所代表。

1947年生まれ。京都大学法学部卒業後、日本鋼管に勤務。1981年、角膜の障害を克服して司法試験に合格し、弁護士登録を行う。2004年、テレビ東京の「スーパー弁護士」に出演。小田急線相模大野駅前に事務所を持ち、市民事件を手掛ける傍ら、横浜家庭裁判所調停委員として相続事件を多数解決している。

清田 幸弘（せいた・ゆきひろ）

税理士、行政書士、ランドマーク税理士法人代表社員。

1962年生まれ。明治大学卒。前山梨学院大学講師、東京地方税理士会税法研究所研究員、TKC神奈川会理事、各農協、各農協連合会顧問税理士。

専門分野は都市農家の資産税（経営・節税コンサルティング）。相続税申告件数750件超。『相続人・相続財産調査マニュアル』（新日本法規出版・編著）、『事例にみる相続時の土地評価と減価要因』（新日本法規出版・共著）、『都市農家・地主の税金ガイド』（税務研究会）など著書多数。

■出版企画（プロデュース）

藤田 昌三（ふじた・まさみ）

電子遺言バンク株式会社代表取締役。

1958年、兵庫県出身。同志社大学を卒業後、貿易会社・旅行会社に勤務して大半を海外で過ごす。1991年に独立して貿易会社を設立。1996年から海外法人設立の事業を展開し、2001年～2005年米国デラウェア州政府駐日代表事務所の副代表職として累計約500社のアメリカ法人を設立する。2006年8月、父親との死別を機に遺言や相続について関心を深める。大阪商工会議所主催の第7期EVE有望ベンチャー支援対象事業に認定されたことを機会に、2009年1月8日に電子遺言バンク株式会社を設立して代表取締役に就任する。公職／保護司、民生児童委員。

幸《しあわ》せな相続《そうぞく》と老《お》い支度《じたく》の教科書《きょうかしょ》

プロが教《おし》えるチェックポイント57

2012年3月15日　初版第1刷発行

著者　黒田《くろだ》泰《ひろし》

監修　松本素彦《まつもともとひこ》・清田幸弘《せいたゆきひろ》

発行者　桐原永叔

発行所　眞人堂(株)
〒160-0022　東京都新宿区新宿3-9-1
新宿土地建物第10ビル2階
電話　03-5367-0657
http://www.shinjindo.jp

発売所　(株)実業之日本社
〒104-8233　東京都中央区銀座1-3-9
電話　03-3535-4441（販売部）
http://www.j-n.co.jp

企画　電子遺言バンク（株）
〒530-0001　大阪府大阪市北区梅田1-1-3
大阪駅前第三ビル25階
電話　06-6344-9755
http://www.eyuigon.com

装幀　有限会社グース　本文・DTP　株式会社CASEBLUE

印刷・製本　中央精版印刷（株）

ISBN978-4-408-10930-5